张喜才 | 著

京津冀
高等教育与产业协同发展模式及对策

基于产业链视角的研究

中央编译出版社
CCTP Central Compilation & Translation Press

图书在版编目（CIP）数据

京津冀高等教育与产业协同发展模式及对策：基于产业链视角的研究／张喜才著．—北京：中央编译出版社，2018.9
ISBN 978-7-5117-3605-5

Ⅰ．①京⋯　Ⅱ．①张⋯　Ⅲ．①高等教育－产学合作－发展模式－研究－华北地区　Ⅳ．①G649.21

中国版本图书馆CIP数据核字（2018）第194191号

京津冀高等教育与产业协同发展模式及对策：基于产业链视角的研究

出 版 人：葛海彦
出版统筹：贾宇琰
责任编辑：谭　伟
责任印制：刘　慧
出版发行：中央编译出版社
地　　址：北京西城区车公庄大街乙5号鸿儒大厦B座（100044）
电　　话：（010）52612345（总编室）　　（010）52612339（编辑室）
　　　　　（010）52612316（发行部）　　（010）52612346（馆配部）
传　　真：（010）66515838
经　　销：全国新华书店
印　　刷：北京紫瑞利印刷有限公司
开　　本：710毫米×1000毫米　1/16
字　　数：178千字
印　　张：14.25
版　　次：2018年9月第1版
印　　次：2018年9月第1次印刷
定　　价：58.00元

网　　址：www.cctphome.com　　邮　　箱：cctp@cctphome.com
新浪微博：@中央编译出版社　　微　　信：中央编译出版社（ID: cctphome）
淘宝店铺：中央编译出版社直销店（http://shop108367160.taobao.com）
　　　　　（010）55626985

本社常年法律顾问：北京市吴栾赵阎律师事务所律师　闫军　梁勤
凡有印装质量问题，本社负责调换，电话：（010）55626985

本书是国家社科基金教育学科青年项目研究成果，课题名称：产业链视角下京津冀高等教育协同发展模式及对策研究，编号：CFA150158，主持人：张喜才。

前　言

京津冀协同发展是由首都经济圈的概念发展而来，涉及北京市、天津市和河北省 11 个地级市。2014 年 2 月 28 日，习近平总书记主持召开座谈会，专题听取京津冀协调发展工作汇报并作重要讲话，强调要"打破一亩三分地"思维定式，抱成团朝着顶层设计的目标一起做。京津冀协同发展国家战略将会对三地的功能定位、产业分工、人口疏解等一系列重大问题产生重大影响，京津冀高等教育协同发展既是协同发展的重要内容，也是产业转型、经济和社会稳定发展的重要保障，高等教育的一体化是区域经济一体化发展战略的内在要求。教育作为重要的公共服务资源，关系国计民生。推动京津冀教育协同发展，是京津冀协同发展的重要任务，也是深化教育领域供给侧结构性改革的迫切要求，在京津冀协同发展全局中具有基础性和先导性作用。推动京津冀教育协同发展，有利于疏解北京非首都功能，优化区域教育布局，带动区域教育整体水平特别是河北教育发展水平的提升；有利于增强教育发展活力，为产业升级转移、创新驱动发展等提供人才和智力支撑，促进教育、科技与产业深度融合发展；有利于实现分工合作、优势互补，探索走出一条不同经济发展水平背景下、跨行政区划的教育协同发展道路，为其他地区提供有益经验。

京津冀地区教育资源密集，教育基础雄厚，2015年共有各级各类学校3.6万所，其中普通高等学校264所，占全国总量的1/10，为京津冀教育协同发展提供了有利条件。近年来特别是京津冀协同发展战略实施以来，京津冀三省市政府及教育行政部门、各级各类学校和科研机构等开展了形式多样、成效显著的教育交流与合作，积极探索教育交流合作的有效机制，为推动京津冀教育协同发展奠定了坚实基础。我国经济发展进入新常态，创新驱动发展战略加快推进，教育与科技对经济社会发展的带动作用更加突出，各级政府对教育与科技的重视程度和支持力度不断加大，为推动京津冀教育协同发展营造了良好环境。同时，也要清醒地看到京津冀教育协同发展仍然存在一些困难和问题，概括说主要有：北京市人口过度集中，公共教育服务压力大；优质教育资源在城乡间、省份间分布不均匀；教育发展水平差距较大，河北省发展基础较差，国民平均受教育年限落后京津2~3年；一些体制机制、要素流动等隐形壁垒仍客观存在，在一定程度上延缓了教育协同发展进程。随着工作的持续推进，新矛盾、新问题还会不断出现。弥补公共服务差距客观上需要一个比较长期的过程，推动京津冀教育协同发展又是一项涉及不同地区、不同教育领域、不同发展阶段、多种相关利益主体的深层次教育变革，要放眼长远，锲而不舍，步步为营，久久为功。

中国特色社会主义进入了新时代，我国经济发展也进入了新时代，我国经济已由高速增长阶段转向高质量发展阶段。京津冀协同发展更是对三地功能定位进行了新的调整，三地也面临着产业转型升级的新挑战，这都迫切要求高等教育充分发挥科研、人才培养的引导作用，通过高等教育与产业协同发展推动京津冀一体化。本书通过产业链和产业集群视角来研究京津冀高等教育协同发展的模式和对策，将产业发展和高等教育合作结合起来，通过产业链来促进高等院校合作，通过高校协同促进产业链分工和产业集群发展。本书梳理了美国、英国等发达国家城市群高等教育和产业协同发展的经验模式；通过利益相关者分析来构建京津冀高等教育可持续发展机制；将产业发展和高等教育合作结合起来，通过产业链来促进高等院校合作，通过高校协同促进产业链分工和产业集群发展。本书还重点分析了高教园区、开放大学、职业教育等协同发展的模式对策。课题将进一步丰富区域高等教育一体化理论，为促进京津冀一体化发展提供政策建议。

感谢全国教育规划课题全国青年项目的支持，感谢教育部职业教育研究中心房风文等的参与和指导，感谢北京物资学院商学院魏国辰、于冠华等的大力支持。

目 录

第一章 研究背景 ·· 1
  一、京津冀协同发展的功能定位调整迫切要求高等
    教育协同发展 ·· 2
  二、京津冀产业转型升级对高等教育协同发展提出新要求 ··· 3
  三、京津冀科技创新发展需要高等教育协同发展的带动 ····· 9
  四、京津冀一体化发展对高等教育人才培养提出新标准 ····· 13
  五、区域发展深入调整对高等教育协同发展提出了新要求 ··· 17
  六、京津冀一体化发展政策密集为高等教育协同发展
    提供新动力 ·· 18

第二章 研究设计 ·· 23
  一、研究问题：研究目的—研究意义—研究假设—
    核心概念 ·· 23
  二、研究程序：研究设计—研究对象—研究方法—
    技术路线 ·· 27

第三章 文献综述 ·· 30
  一、国内外文献综述 ·· 30

二、文献评述 ………………………………………………… 35

第四章　产业链视角下京津冀地区高等教育资源分析 …… 37
　　一、京津冀高等教育整体情况 ……………………………… 37
　　二、京津冀地区高等院校优势专业分类 …………………… 41

第五章　京津冀高等教育与产业链匹配机制 ………………… 48
　　一、京津冀产业发展与高等教育匹配现状分析 …………… 48
　　二、京津冀产业发展与高等教育协同方面存在的问题 …… 55
　　三、京津冀高等教育与产业链发展匹配机制 ……………… 58
　　四、京津冀高等教育与产业链协同发展的对策建议 ……… 64

第六章　京津冀高等教育与产业链协同发展利益相关者分析 …… 68
　　一、京津冀高等教育协同的相关利益主体 ………………… 69
　　二、相关利益主体的权力—动态矩阵和权力—收益矩阵 …… 74
　　三、京津冀高等教育协同发展的相关利益主体互动研究 …… 79
　　四、构建京津冀高等教育与产业协同可持续发展机制研究 … 81

第七章　京津冀高等教育与产业协同发展的主要模式 ……… 85
　　一、"疏解+提质"模式 ……………………………………… 85
　　二、高校产业链联盟模式 …………………………………… 86
　　三、校企合作模式 …………………………………………… 89
　　四、产业链智库平台模式 …………………………………… 92
　　五、分校或独立学院模式 …………………………………… 93
　　六、高等教育综合改革试验区模式 ………………………… 95
　　七、对口合作模式 …………………………………………… 96
　　八、主管部门协调模式 ……………………………………… 98

九、国内外合作办学模式 …………………………………… 100
　　十、产业链研究基地模式 …………………………………… 100

第八章　京津冀农业高等教育与农业产业链协同发展研究 …… 102
　　一、京津冀农业产业链 ……………………………………… 103
　　二、京津冀农林院校专业分析 ……………………………… 105
　　三、京津冀农业高等教育与农业产业链协同发展研究 …… 110
　　四、京津冀农林类高校与产业链协同发展的对策建议 …… 113

第九章　京津冀物流高等教育与物流产业链协同发展研究 …… 119
　　一、京津冀物流产业链的现状及问题 ……………………… 119
　　二、京津冀物流类高校和专业分析 ………………………… 127
　　三、京津冀物流产业链与高等教育匹配机制 ……………… 134
　　四、京津冀物流产业链与高等教育合作模式 ……………… 137
　　五、京津冀高等教育与物流产业链协同发展的政策建议 … 139

第十章　发达国家区域高等教育与产业协同发展的经验借鉴 … 141
　　一、发达国家城市群产业链与高等教育的协同发展的启示 … 141
　　二、美国"研究三角园"对京津冀高等教育与产业
　　　　协同发展的启示 ………………………………………… 152
　　三、英格兰东北部对京津冀高等教育与产业协同发展
　　　　的启示和建议 …………………………………………… 162
　　四、日本首都经济圈高等教育协同及启示 ………………… 168

第十一章　京津冀开放大学与产业协同发展研究 ……………… 173
　　一、开放大学协同发展应成为京津冀高等教育协同发展
　　　　的先导 …………………………………………………… 173

— 3 —

二、京津冀开放大学协同发展面临的问题 ………………… 175
三、京津冀开放大学协同发展的机制体系顶层设计 ……… 178
四、京津冀开放大学协同发展的对策建议 ………………… 183

第十二章 京津冀高教园区协同发展的问题及对策研究 ……… 187
一、京津冀高教园区发展的现状 …………………………… 187
二、京津冀高教园区协同发展的问题 ……………………… 188
三、京津冀高教园区协同发展的对策建议 ………………… 191

第十三章 主体互动视角下京津冀高等职业教育协同发展分析 ……………………………………………………… 194
一、京津冀高等职业教育发展现状 ………………………… 194
二、京津冀高等职业教育协同发展面临的问题 …………… 197
三、多主体参与京津冀高等职业教育协同发展的策略 …… 199

第十四章 京津冀高等教育与产业协同发展研究的思考与展望 ……………………………………………………… 203
一、研究的思考 ……………………………………………… 203
二、研究展望 ………………………………………………… 205

参考文献 ……………………………………………………………… 207

第一章 研究背景

京津冀一体化由首都经济圈的概念发展而来，涉及北京市、天津市和河北省 11 个地级市。2014 年 2 月 28 日，习近平总书记主持召开座谈会，专题听取京津冀协调发展工作汇报并作重要讲话，强调要"打破一亩三分地"思维定式，抱成团朝着顶层设计的目标一起做。随着中国城镇化转型和工业化、信息化进程的加快推进，京津冀城市群正在成为未来我国经济格局中最具活力的核心地带和引擎区域。京津冀协同发展国家战略将会对三地的功能定位、产业分工、人口疏解等一系列重大问题产生重大影响，京津冀高等教育协同发展将为产业分工、经济和社会的稳定发展提供优质人力资源保障。高校作为区域经济创新发展的重要智力载体，在推进区域经济社会发展过程中具有重要示范引领作用。区域高等教育的一体化是区域经济一体化发展战略的内在要求。在京津冀一体化的战略大背景下，京津冀高等教育协同发展问题作为京津冀协同发展战略的重要部分，同样得到教育行政部门和教育理论界的关注。高等教育肩负着高素质高层次人才培养的主要责任，承担着推进科学进步、科技创新的职责。对于京津冀协同发展具有更长远的推动力和更广泛的辐射力，在一体化建设进程中发挥着重要且不可替代的作用。

一、京津冀协同发展的功能定位调整迫切要求高等教育协同发展

2014年2月28日,习近平总书记主持召开座谈会,专题听取京津冀协调发展工作汇报并作重要讲话,强调要"打破一亩三分地"思维定式,抱成团朝着顶层设计的目标一起做。2015年6月,党中央、国务院印发实施《京津冀协同发展规划纲要》,作为京津冀协同发展的顶层设计和行动指南,明确提出推动京津冀协同发展是一个重大国家战略。目前,京津冀协同发展基本形成目标一致、层次分明、互相衔接的规划体系。国家对北京定位为四个中心:全国政治中心、文化中心、国际交往中心、科技创新中心。其中科技创新中心是北京城市的新定位。天津是全国先进制造研发基地、国际航运核心区、金融创新示范区、改革开放先行区。这其中,与北京科技创新中心相呼应的是先进制造研发基地。天津需要对制造业进行升级,提高其科技含量和原创水平。而这需要北京作为中国科技创新中心提供研发支持,共同打造天津成为先进制造研发基地,这对天津也是压力和挑战。河北的定位是全国现代商贸物流重要基地、全国产业转型升级试验区、全国新型城镇化和城乡统筹示范区、京津冀生态环境支撑区。这其中,全国转型升级试验区,是与全国创新驱动经济增长新引擎相呼应的。在京津冀协同发展战略中,京津冀整体定位是"以首都为核心的世界级城市群、区域整体协同发展改革引领区、全国创新驱动经济增长新引擎、生态修复环境改善示范区"。要实现这一目标,必须对京津冀地区产业进行整体升级。只有这样,才能有效支撑京津冀地区持续健康发展,并形成对周边地区的发展位势,引领周边地区向更高水平迈进。

按照相关部署,推动京津冀协同发展要在五个方面着力:一是破解首都发展面临的突出问题,优化提升首都核心功能,探索一条

中国特色解决"大城市病"的路子；二是打破行政分割，推动京津冀优势互补、一体化发展，探索区域协调发展新机制；三是完善城市群形态，优化生产力布局，打造世界级城市群；四是加强生态建设和环境保护，促进经济社会与人口资源环境协调发展，探索区域可持续发展的有效途径；五是增强京津冀综合实力和整体竞争力，提高对周边地区的辐射带动力，为促进环渤海地区和全国转型发展作出更大贡献。要实现上述目标，最为关键的是推动京津冀产业整体升级，向更高水平迈进。伴随着京津冀功能定位的调整，北京市高等教育要疏解，天津和河北要调整提升，京津冀高等教育协同发展迫在眉睫。

二、京津冀产业转型升级对高等教育协同发展提出新要求

当前，京津冀一体化战略已经成为中国最主要的区域发展战略之一。京津冀一体化战略的主要目标是，疏散北京的非首都功能，缓解北京的人口压力，使三地在产业布局上实现协调发展。当前在讨论京津冀一体化战略时，往往聚焦于人口转移或者产业配套这两个问题中的一个问题。然而，这两个问题其实是一个硬币的两个方面，而且彼此制约，形成了一对内在的矛盾体。从历史经验和产业经济学理论的角度看，一个产业的就业吸纳和技术升级通常是矛盾的。如果一个产业要吸纳更多劳动力，要缓解就业压力，这样的产业通常是劳动密集型产业，在技术水平上则比较低端。反之，如果一个产业要实现技术上的转型升级，从劳动密集型升级为资本密集型或技术密集型，就意味着就业吸纳能力要下降，给社会带来的就业压力会增大。正因为存在就业吸纳和产业升级的内在矛盾，大多数发展中国家在面临就业和人口压力的前提下，很难顺利实现产业

升级，跳出所谓"中等收入陷阱"。

京津冀一体化战略的关键难题，就是如何解决就业吸纳和产业升级的冲突。如果北京要维持目前的就业人口，确保社会稳定，在产业选择方面就必须保留一部分具有较高就业吸纳能力的产业，而这些产业往往是劳动密集型，它们在技术水平上可能不是高技术产业，这就是内在矛盾。根据《京津冀协同发展规划纲要》，北京被定位为"全国政治中心、文化中心、国际交往中心、科技创新中心"，其中的科技创新中心定位意味着北京要保持高端技术产业。同时，要将"一般性制造业、区域性物流基地和区域性批发市场、部分教育医疗等公共服务功能以及部分行政性、事业性服务机构"这些非首都功能逐步疏解到天津或河北。北京既要实现产业结构的转型升级，又要考虑短期内面临的巨大就业压力，因此在选择产业时必须同时考虑就业吸纳能力和技术水平。

对于北京来说，发展高技术含量产业肯定是未来方向，长期来看要将大量就业人口疏散到天津或河北，在短期内还必须维持较高的就业水平。因此，北京在短期内应该选择"中等就业弹性＋高技术复杂度"的制造业，这些行业包括化学制品、专用设备和医药制造业等。在长期内，北京应该选择"高就业弹性＋高技术复杂度"的制造业，这些行业包括文教、通用设备、电气机械、通信设备、仪器仪表和塑料制品业等。对于天津来说，其定位是发展高级装备制造业，同时部分疏解北京的人口压力，因此应该选择"中等就业弹性＋高技术复杂度"的制造业。对于河北来说，主要任务是承接北京和天津的低端制造业，同时缓解北京巨大的人口压力。因此，短期内河北的产业选择应该是"高就业弹性＋低技术复杂度"的制造业，这些制造业包括皮革、服装、纺织、金属制品等行业。长期来看，河北作为京津冀一体化的重要组成部分，为北京和天津提供配套产业，必然也要伴随北京和天津实现产业转型升级，因此要逐步发展"高就业弹性＋中等技术复杂度"的制造业。

在京津冀协同发展战略中，京津冀整体定位是"以首都为核心的世界级城市群、区域整体协同发展改革引领区、全国创新驱动经济增长新引擎、生态修复环境改善示范区"。要实现这一目标，必须对京津冀地区产业进行整体升级。只有这样，才能有效支撑京津冀地区持续健康发展，并形成对周边地区的发展位势，引领周边地区向更高水平迈进。

按照相关部署，推动京津冀协同发展要在五个方面着力：一是破解首都发展面临的突出问题，优化提升首都核心功能，探索一条中国特色解决"大城市病"的路子；二是打破行政分割，推动京津冀优势互补、一体化发展，探索区域协调发展新机制；三是完善城市群形态，优化生产力布局，打造世界级城市群；四是加强生态建设和环境保护，促进经济社会与人口资源环境协调发展，探索区域可持续发展的有效途径；五是增强京津冀综合实力和整体竞争力，提高对周边地区的辐射带动力，为促进环渤海地区和全国转型发展作出更大贡献。要实现上述目标，最为关键的是推动京津冀产业整体升级，向更高水平迈进。

就京津冀产业发展状况而言，河北的经济规模占京津冀地区生产总值的比重接近45%，第二产业接近55%，第一产业甚至高达90%以上，即使是比重相对较小的第三产业也占到了整个京津冀地区生产总值的31%。如此的经济规模，决定了河北在京津冀产业发展中的主体地位，也决定了河北产业转型升级对于京津冀地区产业整体升级的极端重要性。在京津冀协同发展的背景下，推动河北产业转型升级，必须准确认识京津冀产业分工的基本格局及河北省在其中的地位，并明确产业转型升级的战略目标。当前，京津冀产业分工的基本格局是：北京以发展服务业为主导，天津工业与服务业并重，河北以工业为主导；在产业链上，京津企业更多地占据研发设计、市场营销等高端环节，而河北绝大多数企业处于以加工制造为主的中低端环节。从表面上看，京津冀这种产业分工似乎是合理的，但这种沿产业链呈纵向梯度分布的产业分工，本质上是一种垂直分工，即以一个或多个产品或服务为核心，地区间在生产或服务环节上的分工，这是典型的发达地区与欠发达地区的分工方式。这种分工虽然存在互补性，但同时又存在较强的依附性，欠发达地区产业始终处于产业链中低端，而且始终受到处于产业链高端的发达地区的制约，难以实现有效升级，不利于区域经济实力的整体提升。

产业升级转移是京津冀协同发展的三大重点突破领域之一，围绕三地产业升级转移的目标、定位、布局、困难和突破点。津冀产业升级转移是立足产业分工和协作作出的战略规划，总体上来说要坚持市场主导、政府引导，按照资源互享、政策互惠、功能互补、融合互动的原则，着力理顺产业发展链条，优化产业结构，形成区域间产业合理分布和上下游联动机制。到2017年初步建立区域产业定位清晰、布局分工合理、上下游联动发展的合作机制，到2020年基本形成优势互补、分工协作、协调发展的产业格局。从三省市的发展特点来说，北京科技人才资源丰富，技术研发水平高；天津制造业基础雄厚，研发转化能力强；河北产业基础好，发展空间大。京津冀区域具有比较好的产业协同发展条件，通过协同发展，能够打造新的增长极。总的来说，三省市应根据自身的区位优势和国家赋予的使命职责来发展。北京作为首都，是政治、文化、科技创新、国际交往中心，要发挥科技创新作用，突出高端化、服务化、集聚化、融合化、低碳化，大力发展服务经济、知识经济、绿色经济，加快构建高精尖经济结构。天津作为港口城市，要大力发展航运物流和航空航天、生物医药、节能环保等战略性新兴产业，打造全国先进制造研发基地及生产性服务业集聚区。河北要积极承接首都产业功能转移和京津科技成果转化，大力发展先进制造业、现代服务业和战略性新兴产业，建设新型工业化基地和产业转型升级实验区。三省市在基础设施、发展水平、公共服务和商业环境等方面存在着较大差距，例如部分高速公路、普通国道省道出现的"断头路"和"瓶颈路段"问题，极大地阻碍了京津冀地区资源和要素的自由流动和优化配置。未来还需要加强交通基础设施规划和建设，推动京津冀形成均衡、高效、畅通的综合交通体系。

京津冀在产业升级转移方面，要着力构建好利益分配机制，发挥市场主导作用，制定科学合理的跨省市投资、产业转移对接、园区共建、科技成果落地等项目的收益分配政策，建立相应的互利共赢机制。另外，无论是北京发展高精尖科技，天津打造先进制造研发基地，还是河北建设新型工业化基地，都离不开创新。三省市特别是河北，要把吸引创新人才作为重要任务，在土地规划、人才政策和政府公共服务等方面采取相关优惠措施，强化协同创新支撑，完善区域创新体系，整合区域创新资源，推动形成创新驱动发展的良好局面。

京津冀协同发展战略将产业升级转移作为三个率先取得突破的重点领域之一，同时要求到2020年，产业联动发展取得重大进展。京津冀协同发展战略要求优化区域分工和产业布局、优化经济结构和空间结构、明确三省市产业发展定位和加快产业转型升级。这就要求探讨如何进一步明确产业发展定位和方向，进一步加快产业转移对接和转型升级及优化产业空间格局，进一步强化创新驱动产业转型与协同发展等重大战略问题。京津冀产业协同发展应以实现国家赋予的发展战略定位为导向，探索符合京津冀三省市发展阶段性特征、资源禀赋条件、发展基础的区域产业分工合作方向，促进产业转型、分工合作及空间格局优化，建立健全高效共赢的京津冀现代产业分工合作体系。

京津冀产业协同发展需要创新支撑，需要创新链、产业链和教育链的有效连接。京津冀地区创新资源分布严重不均，高度集中在北京市，因而要对京津冀产业协同发展形成有效的支撑和引领，必须全面建立区域内创新资源统筹协调机制，建立健全区域创新体系，打造紧密链接的创新链，促进区域创新资源流动。针对京津冀地区产业协同发展所面临的一些重大技术发展问题，如提升关键核心产业技术水平，促进产业结构转型升级、传统装置性产业的节能减排等方面都需要探索跨区域重大科技与产业协同推进机制。京津冀地区已经拥有了中关村科技园区、天津滨海新区、石家庄、保定、廊坊、唐山等国家级高新产业园区，有清华科技园、北大科技园等一批国家级大学科技园，还有诸多具有一定创新能力和产业基础的特色产业基地，近两年还快速成长起来了一批"双创空间"。应该依托这些国家级高新区、大学科技园、特色产业基地以及各类"双创空间"，实现重点领域技术研发与产业化协同发展，使之成为重点领域技术研发和产业化的重要基地以及培育战略性新兴产业的重要载体。根据京津冀地区产业结构现状和特征，为促进创新与产业的联动与协同发展，集中实施战略产业技术跨越工程、优势产业技术提升工程、新型产业技术创新工程等。首先，选择数字类、生物类、物理类三大新工业革命技术领域中的新一代信息技术、生命科学和大健康产业等已经具有良好基础和国内优势、处于产业技术前沿且具有战略意义的产业，实施战略产业技术跨越工程，以迅速提升产业技术自给度和技术能级，实现产业快速发展并形成国际竞争优势。其次，选择京津冀地区具有一定国际竞争力，在国内具有领先优势的强势产业，如汽车制造、装备制造、钢铁石化等基础性优势产业，实施优势产业技术提升工程，为其注入现代技术，吸纳国际前沿技术，提升技术能级和国际竞争力。最后，选择具有未来市场需求前景的新能源、新材料以及生态修复和环境改善类新兴技术，实施新型产业技术创新工程，加大科技投入，实现新技术的集成创新和产业化发展，努力实现以这些技术创新引领京津冀该类新型产业的协同发展。

为全面支撑京津冀产业协同发展，需要优化京津冀区域科技创新格局，特别是发挥高等教育资源的先导作用。通过高等教育与产业协同发展努力打造形成以北京国家科技创新中心为引领，中关村和滨海新区两大国家自主创新示范区两核驱动，京津高新技术产业创新带、沿海现代工业技术创新示范带和环京津绿色发展创新创业带三带辐射，中关村国家自主创新示范区跨省市共建一批科技园区的多园区格局。

三、京津冀科技创新发展需要高等教育协同发展的带动

京津冀一体化的核心是发展，让三地人们享受到优质的生活。在破除制约三地发展瓶颈的众多要素中，科技首当其冲。有了新技术就能促使产业转型，有了新技术就能为治理大气污染带来新手段，科技的进步就能推动社会的进步，用科技的力量来推动京津冀一体化的进程将是大势所趋。为充分发挥北京作为科技创新中心的辐射带动作用，应将技术市场作为科技成果转化的主渠道，通过完善科技成果转化机制，建设科技成果转化和交易服务共享平台，构建信息共享、标准统一的技术交易服务体系，促进技术要素资源的自由流动与优化配置。2015年12月，由科技部火炬中心和三省市科委（科技厅）倡议成立了"京津冀技术转移协同创新联盟"，积极探索开展技术资本化试点，建立需求导向、市场导向的技术转移服务机制。河北省科技厅则出台了《关于加强区域性常设技术市场发展的若干意见》，要求到2017年全省初步建成功能完备、交易活跃、互联互通、覆盖全省的多层次常设技术市场网络。

党的十八大提出实施创新驱动发展战略，发挥科技创新在全面

创新中的核心与引领作用,为经济社会发展提供持久动力。京津冀地区是中国创新资源最集中、科技创新成果最丰硕的区域。这里汇集了全国1/4以上的高等学校、1/3的国家重点实验室和工程(技术)研究中心、2/3以上的两院院士、1/4的留学归国人员,科技投入与产出均居全国首位。因此,京津冀区域协同创新要以促进创新资源合理配置、开放共享、高效利用为主线,以深化科技体制改革为动力,推动形成京津冀创新共同体,建立健全区域创新体系,共同打造引领全国、辐射周边的创新发展战略高地。

在京津冀三省市中,北京科技创新能力优势最突出,基础研究和原始创新能力强;天津科技创新能力较强,技术研发和成果转化能力较突出,科技型中小企业发展迅速;河北省科技创新能力相对薄弱,但技术承接潜力显著。根据三省市科技创新能力的梯度差异,制定差异化的创新发展战略。北京以打造中国自主创新的重要源头和原始创新的主要策源地为目标,重点提升原始创新和技术服务能力,完善相应的创新支持政策(如中关村自主创新示范区政策),更好地聚集高端创新要素,打造技术创新总部集聚地、科技成果交易核心区、全球高端创新中心及创新型人才集聚中心。

总之,京津冀一体化前景无限,科技的强大不仅仅是为我们带来清净的能源,更多的是改变生活方式。在京津冀一体化进程中需要更多的技术因素,随着一体化进程的推进,远程医疗、远程教育等惠及民生的项目也将随着科技的发展而进入千家万户,让我们在足不出户情况下先享受到北京、天津市民才能享受到的服务。

京津冀区域的发展具有巨大的潜力,不但将成为世界经济增长的中心区域,也将是科技创新活动高度活跃的区域。目前,北京和天津两市聚集了丰富的科技创新要素,河北省则相对较弱,与北京存在显著的差距。尤其是北京作为首都,汇集了我国最核心的科技创新要素,同时集中了北大、清华等优秀高等学府以及科研机构,在人才、科研方面都有着巨大的优势。天津市高新技术产业的发展也具有良好的态势，特别是滨海新区已经成为天津科技发展的中心，而河北省在科技发展水平、人才引进、资金投入等方面都与北京、天津有着较大的差距，导致地区间科技发展水平存在明显的差距，这进一步造成了京津冀创新能力的不平衡。三地间的技术市场发育不足是由于三地在市场上缺乏相应优势，而且长期以来政府在政策上也没有适度倾斜，使得京津冀三地的技术缺乏流动性，北京、天津的高新人才和高新技术并没有快速向河北流动，就算北京向河北输出了部分科技成果，也大多数是技术服务类的输出，技术开发类只占很小的比例，使得北京、天津、河北的技术市场发育不足，从而制约了科技协同创新发展的步调。

随着技术高速发展，地区或国家之间的经济竞争发生了深刻的变化。竞争力对资源和劳动力数量的依赖降低，而创新则占据越来越重要的地位。中央政府提出的"大众创业，万众创新"是富民之道、强国之策，对于走创新驱动发展道路、增强发展新动力、打造发展新引擎、推动经济结构调整具有重要的意义。推进京津冀协同发展，必须把创新作为引领发展的第一动力，以新理念适应新常态，以新举措谋求新发展（刘彩霞，2017）。京津冀协同发展，本身就是一种制度创新，对于破解首都发展难题、实现区域布局重构、打造世界级城市群具有重大意义。推进京津冀协同发展，必须把创新作为引领发展的第一动力，以新理念适应新常态，以新举措谋求新发展。

十八大以来，在国家整个创新战略里建设创新密集区，推动大区域创新成为新时期的重大战略。把握京津冀协同发展，要从大区域创新发展的角度来理解和推进国家创新驱动发展战略的实施。我们需要深入地考虑建设创新密集区。琢磨房地产、科技园区、产业园区如何构建协同产业的密集区，建立世界高水平城市群。协同推动京津冀创新资源的开放、流动，创新平台的共建、共享，京津冀三地协同发展要在很大程度上把推进创新工作落在推进创新中心的建设上。北京提出建设具有全球影响力的全国科技创新中心，天津提出建设产业创新中心，全国的创新中心不仅仅是北京要建，是要京津冀协同来建，而且科技创新必须落在产业上。具体来说，谈创新建设一定落在新型产业培育上，谋划京津冀产业发展要有大的思路，要在全球产业变革大趋势下有大空间的考虑，协同推进，传统思路行不通。

"十三五"以来我国进入新常态时期，中央大力推动供给侧改革，结构调整，动力转换，速度从高速增长转为中高速增长。"三去一降一补"是非常重要的任务，但是我们不能把思路停留在这，更加重要的是让创新成为常态，一个技术，一个产品，一种经营模式，不可能长期流行，需要不断变革，不断有新产品、新业态，才能不断取得新的增长动力，所以创新成为常态才是新常态最本质的东西。供给侧改革也要回到创新上来，关键是通过创新把新产能、新的投资对象、新产业聚集区做出来，把新的科技园区、产业园区做出来。

从新科技园密集挂牌到人才"通道"高效打通，从转化机制实现互联互通到新产业开始跨区域布局，技术要素在京津冀之间流动日趋加快，京津冀不断加大协同创新共同体建设力度，科技创新正不断为京津冀区域协同发展注入新动能。要素资源自由流动是协同发展的关键支撑。京津冀作为全国重要的创新要素聚集地，科技创新资源丰富，有条件通过区域协同在创新驱动发展方面走在全国前列。推进京津冀科技创新共同体建设，应打破地区间的行政壁垒和政策鸿沟，缩小地区间市场环境差距，实现京津冀创新战略规划和创新政策的协同，促进人才、技术、资金和信息等创新要素在京津冀三地顺畅流动。为实现京津冀三地创新创业资源的集约化发展，

2016年7月9日，由京津冀57家双创机构和企业加盟的京津冀众创联盟在天津滨海新区中心商务区正式揭牌成立，助力打破区域资源壁垒，充分整合三地众创空间、孵化器等资源，为创新创业者打造良好的创业生态圈。数据显示，2015年北京向天津、河北输出技术合同成交额111.5亿元；2016年前11个月，北京输出到津冀技术合同达到3103项，成交额120.3亿元，同比增长了71.8%。

随着国家京津冀一体化相关战略的不断深入实施开展，技术要素在京津冀之间的流动日趋加快，不断培育出新的经济增长点。京津冀是高校密集，在技术创新方面优势明显，亟待通过高等教育协同发展充分发挥高校科技创新作用。

四、京津冀一体化发展对高等教育人才培养提出新标准

京津冀地缘相接、人缘相亲、文化一脉，历史渊源深厚，拥有丰富的专家人才资源和科技创新资源，京津冀三地产业结构及人才结构有着一定的差异性和互补性。京津冀人才一体化对于撬动京津冀高层次人才及科技创新有重要作用，是京津冀区域经济一体化的重要推手，也是京津冀区域一体化发展的衡量指标（石雅婷，2017）。在京津冀协同发展持续加速的当下，破除三地区域之间人才资质不互认、人才政策不衔接、高端人才分布不均匀、人才流动不顺畅的困局，迫在眉睫。在这样的背景下，打通京津冀三地人才流动的体制机制障碍，加强三地人才交流合作，促进三地人才一体化发展与协调创新，是京津冀三地发展面临的共同任务。人才是创新驱动的核心要素，人才的一体化发展是区域协同发展的重要内容。自2015年10月，北京通州、天津武清、河北廊坊共同签订《通武廊人才合作框架协议》以来，三地经过一年的积极探索和开展人才合作交流，一批合作项目相继落地开花，通武廊品牌效应逐渐形成，

处于桥头堡位置的通州、武清、廊坊，积极为京津冀协同发展添砖加瓦。

2015年，北京市人力资源和社会保障局（以下简称"人力社保局"）与天津市人力社保局、河北省人力社保厅分别签署了《推动人力资源和社会保障工作协同发展合作协议》和《加强人才工作合作协议》，北京市人力社保局还出台了《关于京津冀三地人力资源市场从业人员资格证书互认有关问题的通知》，为建立统一规范灵活的人力资源市场提供了保障。在劳动就业政策方面，通过搭建区域人力资源信息共享与服务平台，完善人力资源流动的户籍政策，建立区域相互衔接的劳动用工政策，包括从业人员资格证书互认、职业技能培训服务，以及区域内劳动保障监察和争议处理协作机制等，不仅满足了北京市非首都功能疏解、天津及河北承接产业转移升级对人力资源需求的变化，而且促进了人力资源行业结构的优化。在人才政策方面，建立了专业技术人才职称和任职资格互认机制，统一职称评价标准，创新高端人才与高技能人才的引进与合作交流机制，初步形成了人才自由流动、资源共享、合作共赢的人才发展新格局。2016年，中共北京市委发布《关于深化首都人才发展体制机制改革的实施意见》，从顶层设计、人才管理改革、协同创新体制机制等方面，提出加快建立京津冀人才一体化发展体制机制，"落实京津冀协同发展战略。加强区域人才协同发展顶层设计，科学谋划改革思路和政策措施，打破体制壁垒和机制障碍，形成区域内人才自由流动、创新高度融合的良好局面"。意见提出，到2020年，京津冀人才一体化发展格局将初步确立。

在京津冀一体化与协同发展的过程中，科技人才的价值和作用尤为重要。不同形式的"人才计划"是京津冀地区引进优秀人才的重要途径。在"大众创业、万众创新"的时代背景下与从京津冀各自的发展定位来看，京津冀地区的人才计划应该是"大同小异、相得益彰"。"大同"指的是三地的人才引进应在京津冀一体化、协同发展的框架下展开,核心在于形成能够充分流动的人才资源市场;"小异"则指的是各地的人才计划根据自身的需求和比较优势,侧重应该有所不同,并形成良性的竞争环境(陈宝龙,2017)。中央和地方层面的人才政策的根本目的在于促进、促成京津冀地区的协同发展和一体化,形成可持续发展的区域经济生态。创新驱动,人才为先。人才是创新、创业的根本,对于经济结构调整和可持续发展具有关键作用。北京市第十一次党代会报告指出,推动京津冀全面创新改革试验向纵深拓展,人才一体化方面要先行先试。京津冀三地人才工作领导小组联合发布了《京津冀人才一体化发展规划(2017—2030)》,这是我国首个跨区域的人才规划,也是首个服务国家重大战略的人才专项规划,将把天津打造成产业创新人才聚集中心,到2030年,京津冀将基本建成"世界高端人才聚集区"。该规划明确了以支撑京津冀协同发展战略实施为出发点,以人才一体化发展体制机制改革及政策联合创新为主线,以京津冀人才一体化发展重大任务、重点工程为抓手,提出了"一体、三极、六区、多城"的总体布局。"一体"即打造区域人才一体化发展共同体。"三极"即围绕全国科技创新中心建设,把北京打造成创新型人才聚集中心,形成京津冀原始创新人才发展极;围绕全国先进制造研发基地建设,把天津打造成产业创新人才聚集中心,形成京津冀高端制造人才发展极;围绕河北省转型发展需要,发挥雄安新区创新发展示范作用和石家庄承接转化带动作用,形成京津冀创新转化人才发展极。"六区"即以东部滨海发展区为载体,建设产业人才发展示范区;以西北部生态涵养区为载体,建设生态环保人才发展示范区;以中部核心功能区为载体,建设临空经济高端人才发展示范区;以雄安新区为载体,建设高端创新创业人才发展示范区;以南部功能拓展区为载体,建设科技成果转移转化人才发展示范区;以"通武廊"（通州、武清、廊坊）毗邻区域为载体，建设京津冀人才一体化发展综合示范区。"多城"，即以京津"双城"人才联动带动石家庄、唐山等区域性中心城市和张家口、承德等节点城市人才联动。

推进京津冀人才一体化发展是实现京津冀协同发展的重要保障。在三地人才一体化进程中，存在着区域人才结构与协同发展功能定位不适应、区域人才国际化发展水平与打造世界级城市群目标不适应、人才一体化发展体制机制与提升区域人才竞争力的要求不适应、人才公共服务水平与区域人才一体化发展要求不适应的问题。为破解"四个不适应"的问题，规划提出了构建区域人才发展新格局、抢占世界高端人才发展制高点、创新区域人才发展体制机制、构筑区域协同创新人才共同体、打造区域人才政策新优势5项重点任务，并细化为16项具体任务。着眼于解决区域人才结构不合理的问题，提出了实施"北京中关村—天津自贸区—河北雄安新区—石保廊全面创新改革试验区域"人才联动计划、实施"人才帮扶"项目、打造京津冀人才发展新引擎等措施。着眼于解决人才国际化程度不高的问题，提出了共建国际高端人才发展平台、实施海外高端人才特聘岗位制度、绘制海外高端人才地图、优化人才国际化区域品质等措施。着眼于解决人才一体化发展体制机制不健全的问题，提出建立一体化的人才评价机制、跨区域合作利益分配机制和激励机制、人才社会组织联动机制等措施。着眼于解决公共服务资源配置不均衡的问题，提出推动社会保险互通、教育医疗资源共享，建立人才公共服务跟随机制、区域创新人才公共服务平台等措施。

规划围绕2030年基本建成"世界高端人才聚集区"的发展目标，提出了13项重点工程。通过重点工程设计，明确了推进京津冀人才一体化发展的具体抓手，强化了人才一体化发展的基础。其中，全球高端人才延揽计划、冬奥人才发展工程、沿海临港产业人才集聚工程和国际人才社区建设计划4项重点工程，将由京津冀三地人才工作领导小组办公室牵头，各部门配合，于今年组织实施。

为保障重大任务、重点工程的顺利实施，规划提出健全京津冀人才一体化发展工作体制机制，将京津冀人才一体化发展列入相关职能部门考核内容，共同商议制定区域人才政策，形成京津冀人才一体化发展政策体系，共同推动重大任务、重点工程落地。建立京津冀人才一体化发展投入机制，完善财政投入政策措施，引导社会资本投入，优先保证重大任务、重点工程资金需求。完善规划实施管理评估机制，研究制定规划绩效评估关键指标，由第三方专业机构对规划实施情况进行跟踪评估，并将评估结果作为重要考核依据。

五、区域发展深入调整对高等教育协同发展提出了新要求

京津冀协同发展成为国家战略以来，先后提出了城市副中心和雄安新区建设两个重大区域战略。北京城市副中心的建设是为调整北京空间格局、治理大城市病、拓展发展新空间的需要，也是推动京津冀协同发展、探索人口经济密集地区优化开发模式的需要而提出的。规划范围为原通州新城规划建设区，总面积约155平方公里。外围控制区即通州全区约906平方公里，进而辐射带动廊坊北三县地区协同发展。2017年4月，党中央、国务院公布设立河北雄安新区，这是继深圳经济特区和上海浦东新区之后又一具有全国意义的新区，是千年大计、国家大事。2017年7月，交通运输部、北京市政府、天津市政府、河北省政府等多部门先后出台了《加快推进津冀港口协同发展工作方案（2017—2020）》、《关于共同推进河北雄安新区规划建设战略合作协议》、《关于加强京津冀产业转移承接重点平台建设意见》等多个政策文件，围绕支持雄安新区建设、进一步推动京津冀协同发展等做出多项战略部署，为今后京津冀一体化

建设指明了方向，标志着当前京津冀协同发展进入加速推进的新阶段。2017年8月17日，京冀两省市政府签署了《关于共同推进河北雄安新区规划建设战略合作协议》，未来北京将从工作机制、交通、科技创新、产业、生态、公共服务、规划、干部人才交流8个领域支持雄安新区建设。交通运输部与天津市政府、河北省政府联合印发《加快推进津冀港口协同发展工作方案（2017—2020）》。《方案》明确了津冀两地港口建设和协同发展的重点任务，提出要加快推进津冀港口协同发展，进一步增强港口的辐射和带动作用，为京津冀协同发展提供有力支撑。京津冀协同发展战略实施以来，非首都功能疏解工作扎实推进，"4+N"产业合作格局加快构建，一批重大产业合作项目相继落地。预计未来，京津冀地区的产业转移将更加有序，区域产业整体将进一步升级。2017年8月21日，北京与津冀两省市协同办共同研究制定了《关于加强京津冀产业转移承接重点平台建设意见》。《意见》明确了北京新"两翼"——雄安新区和北京城市副中心的产业发展定位，围绕改善承接产业发展环境提出了四个重点任务。

六、京津冀一体化发展政策密集为高等教育协同发展提供新动力

十八大以来，推动京津冀协同发展作为新时期党中央、国务院作出的重大战略部署，已取得显著成效：协同发展规划体系"四梁八柱"基本建立，河北雄安新区正式批准设立，北京非首都功能疏解有序推进，重点领域率先突破取得重要进展，改革创新试点示范深入开展，公共服务共建共享取得新突破。围绕进一步推进京津冀协同发展，交通运输部、京津冀三地政府等多部门密集出台多项政策，推动京津冀地区在有序引导京津冀产业转移、支持雄安新区建

设、港口协同发展等重点领域加强合作。未来，随着京津冀三地在上述领域合作的逐步深化，一方面，将有助于更好实现京津冀地区的产业转移；另一方面，将有助于加强北京与雄安新区联系，形成同城化发展态势。

2015年6月，党中央、国务院印发实施《京津冀协同发展规划纲要》，作为京津冀协同发展的顶层设计和行动指南，明确提出推动京津冀协同发展是一个重大国家战略。目前，京津冀协同发展基本形成目标一致、层次明确、互相衔接的规划体系。

2015年6—7月，工业和信息化部会同北京、天津、河北三省市政府出台了《京津冀产业转移指南》，制定了《京津冀产业转移指导目录》，明确了津冀承接的八大类重点产业，即信息技术、装备制造、商贸物流、教育培训、健康养老、金融后台、文化创意、体育休闲。财政部和国家税务局又发布了《京津冀协同发展产业转移对接企业税收分享办法》。与此同时，北京市为加快非首都功能的疏解步伐，也出台了资源、环境约束、建设用地管控和差异化的区域电价和水价等限制政策，以及疏解企事业的激励政策，形成有序疏解的倒逼机制；天津市与河北省为促进转移企业的落地投产，设立了承接产业转移基金，从资金上支持转移产业与当地对接，并出台了土地和人口等优惠政策（毛汉英，2017），有力地推动京津冀产业转移对接持续地向前发展。加快产业转型升级是京津冀协同发展中构建现代产业体系的核心，按照《北京市国民经济和社会发展第十三个五年规划纲要》的要求，实现"三产"提级增效发展，"二产"智能精细发展，"一产"集约优化发展；同时，深化调整三次产业内部结构，促进三次产业融合发展。

2015年12月，国家发展改革委和交通运输部发布《京津冀协同发展交通一体化规划》（简称《规划》）。根据《规划》，到2020

年，多节点、网格状的区域交通网络基本形成，将形成京津石中心城区与新城、卫星城之间的"1小时通勤圈"，京津保唐"1小时交通圈"，相邻城市间基本实现 1.5 小时通达。同时，京津冀地区还将统一机动车注册登记、通行政策、机动车排放标准、油品标准及监管、老旧车辆提前报废及黄标车限行等政策。规划指出，要实现区域一体化运输服务，推动综合客运枢纽、货运枢纽（物流园区）等运输节点设施建设，加强干线铁路、城际铁路、干线公路、机场与城市轨道、地面公交、市郊铁路等设施的有机衔接，鼓励"内陆无水港""公路港"和"飞地港"建设。建成北京、天津、石家庄、唐山、秦皇岛 5 个全国性综合交通枢纽，加强干线铁路、城际铁路、干线公路、机场与城市轨道、地面公交、市郊铁路等设施的有机衔接，实现"零距离换乘"，不同运输方式之间换乘时间不超过 10 分钟。要形成京津石中心城区与新城、卫星城之间的"1小时通勤圈"，京津保唐"1小时交通圈"，相邻城市间基本实现 1.5 小时通达。农村客运班车实现定线定点、全线定时。到 2030 年形成"安全、便捷、高效、绿色、经济"的一体化综合交通运输体系。

2016 年 2 月的《"十三五"时期京津冀国民经济和社会发展规划》近日已印发实施。这是全国第一个跨省市的区域"十三五"规划，明确了京津冀地区未来五年的发展目标。规划提出，到 2020 年，京津冀地区的整体实力将进一步提升，经济保持中高速增长，结构调整取得重要进展；协同发展取得阶段性成效，首都"大城市病"问题得到缓解，区域一体化交通网络基本形成；生态环境质量明显改善，生产方式和生活方式绿色，低碳水平上升；人民生活水平和质量普遍提高，城乡居民收入较快增长，基本公共服务均等化水平稳步提高。"十三五"时期京津冀地区将打造国际一流航空枢纽，构建世界级现代港口群，加快建设环首都公园，打赢河北脱贫攻坚战，建立健全区域安全联防联控体系，全面提高首都服务国际交往的软硬件水平，加强与长江经济带的联动，建立统一规范的市场体系，探索建立行政管理协同机制、生态环保联动机制、产业和科技创新协同机制等。

在生态环境方面，三省市继续深化大气污染联防联控协作机制，联合印发了《京津冀大气污染防治强化措施（2016—2017）》，推进京津冀生态水源保护林、京津冀风沙源治理二期等重大项目建设。据统计，2016年上半年三省市PM2.5平均浓度比去年同期分别下降了17.9%、12.5%和20.3%。交通运输部与天津市政府、河北省政府联合印发《加快推进津冀港口协同发展工作方案（2017—2020）》。《方案》明确了津冀两地港口建设和协同发展的重点任务，提出要加快推进津冀港口协同发展，进一步增强港口的辐射和带动作用，为京津冀协同发展提供有力支撑。京津冀协同发展战略实施以来，非首都功能疏解工作扎实推进，"4+N"产业合作格局加快构建，一批重大产业合作项目相继落地。预计未来，京津冀地区的产业转移将更加有序，区域产业整体将进一步升级。2017年8月21日，北京与津冀两省市协同办共同研究制定了《关于加强京津冀产业转移承接重点平台建设意见》。《意见》明确了北京新"两翼"——雄安新区和北京城市副中心的产业发展定位，围绕改善承接产业发展环境提出了四个重点任务。

总之，京津冀协同发展是国家战略。2015年4月，中央政治局会议审议通过了《京津冀协同发展规划纲要》，从国家战略高度开始推动京津冀区域发展的体制机制创新，高等教育协同成为京津冀协同发展的重要组成部分。2017年2月印发《"十三五"时期京津冀教育协同发展专项工作计划》。京津冀高等教育协同发展既是教育协同发展的重要组成部分，也是区域高等教育未来发展的一个必然选择，对于促进区域高等教育资源均衡与优化，创新高校人才培养模式，进而推动区域发展具有重要意义。高校作为区域发展的重要载体之一，在京津冀高等教育协同背景下如何为区域发展提供人才和技术的支撑，已成为政府、社会和高校关注的重点。

第二章 研究设计

一、研究问题：研究目的—研究意义—研究假设—核心概念

（一）研究目的

京津冀协同发展是国家战略。2015年4月，中央政治局会议审议通过了《京津冀协同发展规划纲要》，从国家战略高度开始推动京津冀区域发展的体制机制创新，高等教育协同成为京津冀协同发展的重要组成部分。2017年2月印发《"十三五"时期京津冀教育协同发展专项工作计划》。京津冀高等教育协同发展既是教育协同发展的重要组成部分，也是区域高等教育未来发展的一个必然选择，对于促进区域高等教育资源均衡与优化，创新高校人才培养模式，进而推动区域发展具有重要意义。高校作为区域发展的重要载体之一，在京津冀高等教育协同背景下如何为区域发展提供人才和技术的支撑，已成为政府、社会和高校关注的重点。本书的研究目的：

一是梳理美国、英国等发达国家城市群区域经济社会特别是产业与高等教育协同发展的做法、经验和模式，为京津冀高等教育与

区域产业协同发展提供经验借鉴和启示。

二是分析京津冀高等教育与产业协同发展的利益相关者，分析他们的博弈行为、利益、权力等，分析中央政府、地方政府、高校自身、企业、行业组织等在京津冀高等教育协同发展行为逻辑，进而提出基于纳什均衡的策略集合。

三是归纳整理京津冀各个高校的专业优势。按照专业学科优势而不是传统的按照等级对高校进行分类。分析京津冀各地的产业链优势。根据京津冀地区的功能定位，梳理各地的产业链聚集和分工情况。建立各个高校的专业优势和京津冀产业链优势匹配机制。根据各地的产业链优势和各高校的专业资源优势建立匹配机制。

四是归纳整理分析京津冀高等教育协同发展的模式，进行比较分析，进而建立基于产业链的京津冀高校协同发展模式。

（二）研究意义

高等教育与产业协同发展是高等教育研究的一个重要主题。京津冀高等教育与产业协同发展则提出了一个新的研究"切片"。本研究跳出教育看教育，结合京津冀产业链发展和高校专业特色优势，构建基于产业链的京津冀高等教育协同发展机制。通过产业链协作促进高等院校协同发展，使得高校协同发展有了扎实的经济基础，有了可靠的抓手，使得教育区域协同发展有据可依，有了丰富的协同发展内容。通过高校协同发展促进区域内产业链分工协作，为京津冀一体化发展提供智力支持和人才保障，也促进各个高校凝聚特色，避免重复建设和各自为政，为高校更好的融入区域产业聚集发展寻找出路和途径。

理论意义：以产业链的视角来研究区域高等教育与产业协同发展，将产业链、产业集群和高等教育发展融合起来，对产教融合和区域高等教育融合发展是一种新的探索。

实践意义：将为京津冀功能定位和产业链分工提供智力保障，探索产业链和产业集群与高校协同发展的机制和模式。该成果具有区域教育示范效益。京津冀一体化是国家战略，京津冀区域高等教育协同发展模式也具有示范意义。

（三）研究框架及假设

一是世界发达国家与地区的发展实践表明，城市产业链与高等教育联合或协同发展成为世界高等教育发展的一种趋势。纽约城市群、东京城市群、伦敦城市群是世界知名的大城市群的产业结构升级和产业链协同中都离不开众多高校和科研机构等高等教育的作用。那么，世界都市圈中高等教育在区域产业链协同的功能定位如何，他们在构建和发展区域高等教育过程中的哪些经验可以借鉴，本书将进行深入分析和探讨。

二是区域产业转型升级要求高等教育的专业设置、人才培养、科学研究等与产业链高度匹配。当前京津冀协同发展正处于功能定位的调整期和产业转型升级的关键时期，对高等教育的科研功能、人才培养功能等发生了显著的改变，亟待京津冀高等教育为区域经济社会发展和产业转型提升新的动能。

三是京津冀高等教育与产业协同发展利益相关者较多，涉及中央政府、地方政府、高校自身、企业、行业组织等，他们在京津冀协同发展中的权力地位、利益表现、行动方案有较大的差异。需要完善制度设计，形成利益主体发展合力，促进京津冀高等教育与产业协同可持续发展。

四是梳理京津冀地区高等院校根据产业链优势进行分类。梳理京津冀地区的产业链分布和产业分工，特别是结合各地功能定位，将产业链、产业规模等进行分类。按照专业优势、地理分布、办学层次等进行分类。摒弃以 985 高校、211 高校等划分类别的做法，主要依据京津冀地区不同高校的特色优势、专业优势、教学科研优势进行分类，按照高新技术产业、高端服务业、现代物流业、都市农业、现代制造业等划分优势院校。

五是根据京津冀功能定位、产业链分工和优势，结合各个高校的专业优势等建立基于产业链的高等教育协同发展模式。通过博弈理论分析，围绕各地优势产业链建立包括产业链技术联盟、产业链园区、产业链研究院等。最终形成高校协同发展和区域一体化发展双赢的机制。

六是提出基于产业链的高等教育协同发展的支撑体系。包括成立京津冀高校产业链联盟规划体系、政策体系和组织体系，探索区域高等教育一体化发展的政府治理和教育体制。

（四）核心概念

京津冀协同发展：京津冀作为一个整体协同发展，以疏解非首都核心功能、解决北京"大城市病"为基本出发点，形成目标同向、措施一体、优势互补、互利共赢的协同发展新格局。医疗、教育等公共事业是疏解非首都功能的重要内容。

产业链：由生产到消费的产前、产中、产后一系列环节构成的经济链条和管理系统。高等教育嵌入京津冀产业链，将推动若干所不同类型高等院校围绕产业链目标进行合作、调整、优化，形成利益共同体。

高等教育与产业协同发展：高等教育与特定区域的经济发展水平和产业转型升级等整合优化、相互促进的过程。京津冀协同发展与疏解首都非核心功能背景下，整合优化资源配置，是京津冀高等教育改革发展的一项迫切任务。

二、研究程序：研究设计—研究对象—研究方法—技术路线

(一) 研究设计

一是文献综述。课题按照发展问题—分析问题—解决问题的总体思路，首先进行文献综述，将高等教育区域一体化理论和京津冀一体化发展理论进行归纳整理。

二是国内外经验借鉴。分析美欧日大城市群高校协同发展现状和模式，通过比较研究对京津冀高校与产业协同提供经验借鉴。

三是京津冀高等教育协同发展利益相关者分析。分析他们的博弈行为、利益、权力等，分析中央政府、地方政府、高校自身、企业、行业组织等在京津冀高等教育协同发展行为逻辑，进而提出基于纳什均衡的策略集合。

四是进行实地调研，进而分析京津冀高等教育协同发展的现状，通过比较研究，进而根据聚类分析法和博弈方法通过产业分工和专业优势相结合，提出基于产业链的京津冀高校协同发展模式，提出产业链技术联盟、产业链研究院、产业链园区、产业链项目合作等模式，然后提出在产业链规划、产业链组织、产业链政策等方面的京津冀高校协同发展的支撑体系，最后提出政策建议（见图2-1）。

(二) 研究对象

京津冀地区高等院校。京津冀经济发展不平衡带来教育发展不平衡，高等教育资源分布不协调，高校之间的资源共享渠道也不畅通。通过梳理三地不同高校的专业优势、科研教学优势，根据京津冀功能定位和产业链分工，依据产业链建立高等教育协同发展机制，形成基于产业集群的高等教育资源的梯度流动和跨地区的合作。

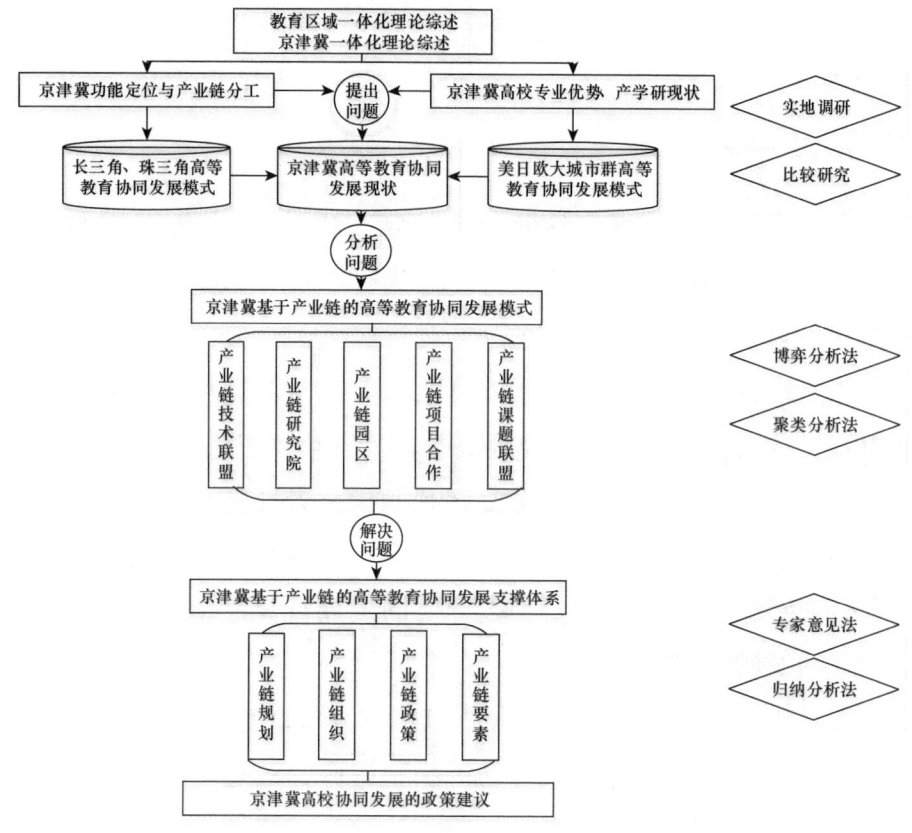

图 2-1　课题研究思路、方法与主要内容

（三）研究方法

一是比较研究法。通过对指对京津冀、长三角、珠三角和美日欧大城市群高校协同发展模式加以对比，以找出它们之间的相似性与差异性，通过比较研究得出区域高等教育如何建立基于产业集群和产业链的高效协同机制，进而对京津冀高校基于产业链的协同发展机制提供经验借鉴。

二是案例研究法。案例研究的结论更可能具有现实有效性，更有可能反映客观事实。本书通过跟踪具体的产业链和高校协同发展情况，总结现状，发现问题，提出未来的发展方向。

三是聚类分析法。主要基于泰尔熵指数分析和 RG 指数分析，梳理京津冀各地区的产业链差异，然后利用空间数据分析模型分析各个区域之间的产业链相关指数。通过产业链和各个高校的学科优势专业建立匹配机制。

四是博弈分析法。京津冀高校建立基于产业链的协同发展机制涉及高校、政府、企业、行业协会等各个利益相关者，本书将建立利益相关者博弈模型，通过基于产业链的贝叶斯纳什均衡分析，建立京津冀高校协同发展共赢机制体系。

（四）技术路线

本书将按照文献资料搜集＋实地调研→资料整理和分析→理论研究＋实证研究→撰写研究报告和论文的技术路线。以京津冀地区的高校和各地的产业链优势为基础，建立基于产业链的高校协同发展机制。无论在理论上，还是实践当中都具有可行性。

第三章 文献综述

一、国内外文献综述

高等教育区域合作主要包括高等教育区域化、高等教育协调发展、高等教育资源配置等要素，有研究者把高等教育规律、教育经济学和人力资本论作为高等教育区域研究的理论基础。（张阳，2002；高文兵，2009）根据美国著名的管理学家劳伦斯·彼得的"木桶理论"，它又被称为短板效应理论，即木桶的装水量并不是取决于其中最高一块挡板，而是取决于最短的那块，教育资源的不平衡将会严重制约未来城市群的健康发展。"积聚—溢出"效应在京津冀教育协同发展上的应用，通过将北京的高等教育资源引进到河北，由高校的集聚带动河北地区经济的发展，促进其产学研协调发展。（吴梦林，茹宁，2017）、在现代社会，一些长期发展形成的高度密集的城市群被称为都市圈、城市带、经济圈、经济带，它们具有一种强烈的集聚溢出效应，大学集群也同样存在这种集聚溢出效应。（吴岩等，2010）高等教育大众化、普及化是必然的，而大众化、普及化就包括本科的转型发展，所以转型发展是高等教育现代化的必由之路。（潘懋元，2017）

19 世纪中期,在美国《莫里尔法案》出台的背景下,赠地学院崛起"威斯康星"思想首提大学为社会服务的理念,开辟了高等教育与区域社会经济发展良性互动的先河。(李化树,2015)产业结构的变动终究将回归到就业结构的调整上,因此高等教育人才培养与产业发展之间存在协同性与统一性,即人才链与产业链之间是动态耦合关系。(马莉等,2016)

大学学院协会会长 A. W. 奥斯塔(2004)提倡的"相互作用大学",不仅使大学所在社区经济健康有序发展,而且为大学自身摄取资源拓宽了社会范围,双方建立了积极有效的合作伙伴关系,合理的办学地位实现了"相互作用大学"的最初发展战略。布克等(2003)认为"结构、体制和社会环境因素的相互作用可以促进(或阻碍)欧洲高校对区域发展的贡献度"。金斯顿等(2008)学者的纵向追踪研究发现大学对区域经济作用渐趋显著,特别对改善区域人力资本和环境功能等影响经济成长的潜在因素贡献巨大。美国具有典型性,美国高等教育区域发展与区域产业紧密对接,围绕着洛杉矶地区的文化创意产业、伊利诺伊地区的农业科技产业、西雅图地区的制造业、纽约地区的金融业等,美国大学分别形成了特色鲜明的几大集群,美国几大特色鲜明的经济产业主体功能区和同样特色鲜明与之匹配衔接有力的大学集群共同铸成一百年来长盛不衰的世界霸主地位。(吴岩等,2010)最近 20 多年,美国大学把区域产业和经济作为教学与研究的核心使命,最近 10~15 年研究热度更高。长三角、京津冀、珠三角等十大城市群高等教育对区域经济发展的贡献非常显著,但贡献度随时间推移有所下降。加强高等教育区域合作,优化教育资源配置,提高城市群高等教育质量,同时在高等教育发展与区域经济发展二者之间保持适度协调是促进城市群协调和可持续发展的当务之急。(高耀等,2013)大学与产业集群的协同发展经历了从游离分散到整合协同、从偶然联系到必然结合、从资源驱动到创新驱动三个阶段，应采取汇聚大学科技与智力资源、开展协同创新与多样化的公共服务，依托高等教育区域中心、建立大学服务产业集群发展的多元模式，拓宽产业人才培养渠道、积聚产业集群创新发展要素，整合大学学科资源、构建全面适应产业集群发展的立体服务网络。（赵哲，2013）正如利库耶（2004）揭示的斯坦福大学为主的大学集群在美国硅谷之谜中提供的人才和技术支持。

区域高等教育一体化是区域经济一体化的必然要求。一方面要根据区域经济社会发展的速度与水平来相应地发展区域高等教育；另一方面也要充分发挥区域高等教育对区域经济结构升级调整的引导作用，为区域自主创新发展创造和生产更多的高级生产要素和竞争优势。（吴岩等，2010）京津冀高等教育合作具有良好的政策基础和经济基础，成为高度教育区域合作的重要保障，京津冀高等教育合作与综合改革试验区于2009年正式启动。（张雪等，2015）产教融合首先要厘清产业发展脉络，产业链主导现代产业发展方向，是产教融合的重要抓手。将高职教育融入产业链，对服务产业转型升级、促进教学改革、深化专业内涵建设非常必要。（乔毅，2017）刘赞英等人（2013）首先通过经济学的非均衡发展理论视角来探析京津冀高等教育区域合作的内涵式发展，树立相对均衡的高等教育发展理念，扩大对周边教育的辐射及溢出效应。另外，还透过人力资本视角的"配第-克拉克定理"，为区域高等教育合作中的结构优化提供理论支撑，加强区域高等教育合作能为社会经济提供高质景的人力资源保障。

随着京津冀区域经济一体化的快速发展，对京津冀高等教育一体化的要求也越来越迫切。但考虑到京津冀两市一省截然不同的历史和发展阶段，教育资源分配并不平均，难言协同发展。（高兵，2015）目前，制约京津冀高等教育协同发展的问题主要是：各自为政，缺乏系统性协同机制；本位主义、行政壁垒的阻碍；区域高校与区域经济发展的契合度较低。因此，推动京津冀高等教育协同发展，需要建立区域高等教育发展的官方协调机制；以合作共建模式推动高等教育的实质性发展；进一步深化院校联盟建设；强化高等教育与区域经济的协同性发展。（王福建，孙继红，2017）京津冀在高等教育发展方面展开了多项合作，但进展较为缓慢，尚未有强大的合作与辐射效应。京津冀高等教育资源整合的深度和广度与世界其他大都市圈相比，尚处于初级阶段。坚持"全面协同"的战略，构建共建共享共赢的协同创新体系。一方面搭建不同领域、不同类型的京津冀高校联盟；另一方面，推进高校、地方与企业建设协同创新联盟。（弓洪玮，2016）通常情况下，高等教育区域合作包括两个层次：一是校际合作，包括同城的合作共同体或教学共同体和同城或跨城的高校"一对一"校际合作；二是政府合作，主要指本区域内政府间的合作，政府是区域合作的重要推动力。（李汉邦等，2009）"校府合作"是京津冀高等教育协同发展的探索，"校府合作"能够实现京津冀地区的优势互补，对京津冀协同发展具有重要意义。在京津冀地区实行"校府合作"具备政治基础、经济基础、现实基础。（尚晓丽，2017）马陆亭（2012）进一步指出高校区域合作就是模式+机制，最终形成一种文化。美国常青藤大学形成的大学联盟在美国东部地区高等教育与区域互动发展中占据了主导地位，为东部地区创造了巨大的财富。名校打破传统学术壁垒，合作中产生核聚变，其能量比八所学校单独为社会所做贡献的总量大得多。（郑英蓓，2006）

教育协同发展是京津冀协同发展的重大国家战略内容之一，其最大障碍是供给侧提供的教育资源和服务与需求侧的教育需求在数量、质量和结构上不相匹配，出现严重的供需关系矛盾。（郑国萍，陈国华，2017）京津冀应按照"合作组织专业化、合作制度规范化、合作规划具体化、合作方式多元化"和"有所为有所不为"原则推进实质性合作。(郑红梅,许刚,2011)杨振军(2017)指出当务之急是建立京津冀高等教育协同高层次协调机构,稳步推进高等教育行政管理体制改革突破,同时应组织有关部门加快研究制定京津冀高等教育协同发展规划,使各方开展的改革实践有明确的指导性纲领和行动指南。在具体实施层面,要把握好协同发展的步骤、节奏和力度。高兵(2013)结合高校空间布局现状与区域发展概况发现京津冀区域高等教育的空间布局可以更加合理,其布局构想可以概括为"一轴两翼",即以京、津、廊高等教育发展轴为基础,大滨海地区高等教育研发带和城镇密集地区人力资源储备带为两翼,在智力和人才上为区域发展保驾护航。京津冀教育协同发展的政策目标是要达成三地教育领域不同系统之间互相影响、利益共享的局面,达成默契配合、井然有序的状态,确立"规划联合、资源共享、生源共有"的目标。(薛二勇,刘爱玲,2016)

对于京津冀高等教育协同发展有两种不同的意见:一种认为应该通过迁出部分在京本科教育、职业教育、成人教育等功能,来实现有效疏解。一种则不太赞成让北京高校在河北办分校,或主体迁到河北的做法,认为要破除"大锅饭""削峰填谷"的思路,不能简单采取行政化、一刀切的手法。也有学者提出高校整体搬迁可能还需要一个过程,涉及高校的历史积淀、基础设施、招生等方面,可能需要充分论证。但有一部分和高校教育教学功能联系相对不是很紧密的校办企业、产业研发基地等可以先迁出去。京津冀在产业结构的错位布局,高等教育应依据产业区位优势,面向优势产业和行业培养特色人才。鉴于此,京津冀需要统筹规划,高校重点发展优势学科,形成区域整体优势和集聚效应。(张雪等,2015)梁旭等(2016)提出了京津冀高等教育资源优化配置的路径,即建立多方协调的三级运作体系,建立高端引导的现代治理机制,建立现代化高等教育资源优化配置方式,最终实现京津冀高等教育资源优化配置,促进高等教育与区域经济的共同发展。国家应在京津冀协同发展的更大空间上对三地中央部属高等院校进行布局结构调整,按照产业集群发展与高等教育集群发展相对接的方式,在明确三地产业布局规划的基础上,将相应的院校或专业或学科进行合理的布局调整,扩大河北省的高等教育资源规模。(高兵,李政,2015)建立课程资源共享机制。利用大数据平台建立网校,在线下进行北京、天津名师课程的循环播放,或者请名师到普通院校担任兼职教师,共建教学资源共享平台。(侯雪梅,2016)综上所述,高等教育区域化发展已令现实区域高等教育系统日益壮大,这为区域高等教育研究的拓展提供了必要的研究土壤,但是,作为一个新兴的、综合性研究领域,区域高等教育研究仍不尽成熟。(雷家彬,2014)

二、文献评述

从研究内容看,要么偏向教育区域一体化的宏观研究,重点关注高等教育区域一体化与区域经济社会发展的关系,要么偏向高等教育区域一体化的师资、学生、学分等微观内容。缺乏中观产业对于高等教育区域一体化的研究。产业链的转移、调整和升级是京津冀一体化的重要内容,建立基于产业链的高等教育协同发展机制不仅为产业链调整升级提供重要的人才和智力支撑,也为各个高校区域一体化发展提供重要的契机。

从研究方法上,有区域高等教育研究多滞留于"就教育论教育",与区域经济社会发展尤其是产业发展的要旨相距甚远;以单一的思辨研究或个案研究方法为主,重定性描述情景分析,实证研究较少,测评维度和指标体系较为粗糙;简单套用其他学科方法、概念的作法比较普遍,研究中未考虑到区域高等教育系统和产业经济发展的内在规律。

本研究跳出教育看教育，结合京津冀产业链发展和高校专业特色优势，构建基于产业链的京津冀高等教育协同发展机制。通过产业链协作促进高等院校协同发展，使得高校协同发展有了扎实的经济基础，有了可靠的抓手，使得教育区域协同发展有据可依，有了丰富的协同发展内容。通过高校协同发展促进区域内产业链分工协作，为京津冀一体化发展提供智力支持和人才保障，也促进各个高校凝聚特色，避免重复建设和各自为政，为高校更好地融入区域产业聚集发展寻找出路和途径。

第四章 产业链视角下京津冀地区高等教育资源分析

一、京津冀高等教育整体情况

京津冀地区是继"珠三角""长三角"之后的中国经济发展"第三极"。三地共拥有高校262所。其中,北京89所、天津55所、河北118所,是我国高校最密集的地区之一,还拥有多所实力雄厚的科研院所和各领域的专家学者、两院院士。同时,中关村科技园区、滨海新区、曹妃甸工业园区等为科技成果的研发与转化提供了强有力的支持。

北京市高等教育整体情况。 2016年91所普通高等学校全年招收本专科学生15.5万人,在校生58.8万人,毕业生15.3万人。全市成人本专科招生6.1万人,在校生17.2万人,毕业生8.2万人。全市共有58所普通高校和81个科研机构培养研究生,全年研究生教育招生9.7万人,在学研究生29.2万人,毕业生8.3万人。高等学校校舍面积3678万平方米,占地4457.18万平方米,图书1.12亿册,电子图书698万千兆字节,拥有教学用计算机42万台。目前,北京市高等教育毛入学率已经达到 62%，每 10 万人口在校大学生数达 6700 人，北京市常住人口中大学专科以上学历的约占 35.65%。

天津市高等教育整体情况。截至 2016 年末，全市共有普通高校 55 所，普通高校本专科招生 14.61 万人，在校生 51.38 万人，毕业生 13.79 万人。成人高校招生 2.38 万人，在校生 5.95 万人，毕业生 3.20 万人。全年招收研究生 1.87 万人，在学研究生 5.45 万人，毕业生 1.70 万人。目前，天津市高等教育毛入学率已经达到 52%，每 10 万人口在校大学生数达 4500 人，北京市常住人口中大学专科以上学历的约占 24.1%。

河北省高等教育整体情况。河北省 2016 年有普通高等学校 120 所，招生 38.1 万人，增长 8.5%；在校生 121.6 万人，增长 3.1%；毕业生 33.5 万人，增长 2.2%。研究生教育招生 1.4 万人，比上年增长 3.0%；在学研究生 4.2 万人，增长 4.1%；毕业生 1.3 万人，增长 2.2%。还不足天津市的一个零头，与北京相比差距更大。

总体而言，京津冀地区位于环渤海地区的中心位置，是国家经济发展的重要引擎和参与国际竞争合作的先导区域。京津冀高等教育与产业协同发展战略的研究，对我国京津冀地区教育现代化的实现有重要推手作用，同时对于打造我国新的经济增长极，促进国家综合国力迈上新台阶具有深远的战略意义。因此，客观分析京津冀高等教育资源分配现状，探索适合京津冀高等教育资源配置与产业协同发展的评价与分析体系，有利于打破地方本位主义等传统落后的行政观念束缚，改变区域界线相互封闭的局面，从而扩宽京津冀一体化战略政策的大格局与视野，实现京津冀地区高等教育资源优势互补、产业协同发展的可持续性。

目前，北京市高校分布密集形成规模优势，优质教育资源聚集度极高。由以上统计可知，2016 年北京市 91 所普通高等学校全年本专科在校生 58.8 万人，成人本专科在校生 17.2 万人，全市共有 58

所普通高校和81个科研机构培养研究生，全年研究生教育在学研究生29.2万人；相比之下，2016年天津全市普通高校本专科在校生51.38万人，成人高校在校生5.95万人，全年在学研究生5.45万人，分别相当于北京地区相应培养人数的87.4%、34.6%、18.7%；河北省普通高等学校120所，在校生121.6万人，研究生教育在学人数为4.2万人，分别相当于北京地区相应培养人数的206.7%、14.4%。因此，无论是从高等学校分布密度还是集群规模上看，北京市都具有相当的规模聚集优势。同时，天津市与河北省研究生在校教育人数均不足北京全市人数的20%，可见天津市、河北省的研究生教育与科研能力与北京市有巨大差距，尤以河北省为甚，北京市教育资源在数量与质量上同时占有明显的配置优势。

另外，河北省优秀教师队伍匮乏，北京天津师资力量雄厚且科研能力强、水平高。数据调查显示，北京市2016年高等学校校舍面积3678万平方米，占地4457.18万平方米，图书1.12亿册，电子图书698万千兆字节，拥有教学用计算机42万台。天津市自主创新示范区建设全面推进，引进清华大学电子信息研究院等一批高水平研发机构，新建产学研用创新联盟30家。全市共有国家重点实验室12个，国家部委级重点实验室49个，国家级工程（技术）研究中心36个，国家级企业技术中心45个。河北省普通高校120所，本科57所，高职高专53所，独立学院17所，分校办学点4所。从全国范围看，河北省中等职业教育规模较大，尤以医药化工、汽车维修、数控技术、建材物流等初中级职业人才培养方面位列全国前茅。但是相比之下，京津在师资资源数量与质量上仍大大优于河北，两地拥有的高级职称教师、院士、国家级教师团队、教育部创新团队等平均为河北省的数倍。

区域社会发展水平的提高离不开高等教育公平发展，体现为人力资源在不同区域的不同产业充分利用与优化配置进而形成良性发展结构。现代社会，高水平的师资力量是推动高等教育发展的重要因素之一，一定程度上甚至起到决定高等教育质量的重要作用，而一个地区高等教育的科研能力与水平、科研成果转化为社会生产力的占比可以从侧面反映出高等教育资源配置的不同差异。根据中国科技统计年鉴显示，北京、天津、河北高等学校 R&D 人员比例约为 0.62，0.20，0.18，高等学校 R&D 课题（数）比例约为 0.68，0.17，0.15，高等学校 R&D 经费内部支出比例约为 0.70，0.26，0.04，高等学校发表科技论文（篇）比例约为 0.66，0.16，0.18。可以看出，北京的科研投入人数与经费最多，科研产出成果遥遥领先，其次是天津，河北省科研水平与北京天津存在差距。高等学校科研成果的产生是高等教育资源配置中地域分布、科研经费和科研人员综合作用的结果，如果能够合理地配置三地的高等教育资源，必将大大促进科研成果的产生和转化，从而推动科技进步和经济发展。

在统计学上，一定区域内高等院校的分布程度直接影响该区域周边适龄受教育人口接受高等教育机会的可能性，同时该分布程度也会间接影响到此区域的政治、经济、文化、社会发展水平等诸多方面。目前，北京市高等教育资源禀赋和发展程度列三地之首，在长期的教育改革试验中，逐渐形成了突出的人才优势，成为中国人力资源发展水平较高和教育体系较完善的地区之一。天津市教育资源配置虽与北京有所差距，但基础教育与职业教育协调发展。高等教育综合实力逐步提升，使得教育资源配置更加公平普惠。这就与北京、天津发达的政治、经济、文化社会发展水平等诸多方面相辅相成、遥相呼应。相比之下，河北地区虽高校数量众多却大而不强、多而不精，导致教育资源失衡配置的"马太效应"，成为影响京津冀教育协同发展战略的障碍。

二、京津冀地区高等院校优势专业分类

推进京津冀高等教育协同发展，三地高校需探索现代大学办学理念及中国特色现代大学制度建设，需适应新产业结构，优化配置调整学科结构，凝聚成具有国际影响的区域特色学科群，联合建立创新人才培养基地，加强教师、学生跨校交流，推进跨校授课、跨校挂职等，联合建立多学科组成的高端智库和开放式研究机构，积极参与京津冀区域经济社会改革与发展建设。三地高校要充分发挥自己的优势，结合自己服务和面向的领域，优化学科专业的布局设置；联盟之间应该有更紧密的合作，构建资源共享的开放平台，乃至能够发展成为具有国际影响、区域特色的学科群。

目前北京市有综合类大学5个，理工类院校30个，财经政法类24个，语文师范类11个，体育艺术民族类12个，农林类4个，医药类高校4个。高校门类齐全。

表3-1 北京市高等学院本专科基本情况

年份	高校总数	综合大学	理工院校	农业	林业	医药	师范	语文	财经	政法	体育	艺术	民族
2015	90	5	30	3	1	4	2	9	16	8	3	8	1
2014	89	5	29	3	1	4	2	9	16	8	3	8	1
2013	89	5	29	3	1	4	2	9	16	8	3	8	1
2012	91	5	31	3	1	4	2	9	16	8	3	8	1
2011	89	4	31	3	1	3	2	9	16	8	3	8	1

对于服务于第一产业的农林类高校，中国农业大学和北京林业大学具有压倒性的优势地位。中国农业大学形成了特色鲜明、优势互补的生命科学与农业、资源与环境科学、信息与计算机科学、农业工程与自动化科学、经济管理与社会科学等学科群。在生命科学、

农业科学、环境生态学等领域具有突出影响力。北京林业大学被称为中国林业和生态环境的最高学府。

对于服务于第二产业的综合类和理工类高校，北京有35所，理工类30所。比如北京航空航天大学的航天工业，北京科技大学的材料科学与工程、冶金工程、矿业工程，北京邮电大学的电子科学与技术、信息与通信工程，北京化工大学的化学工程与技术及材料学、化学过程机械，北京交通大学的交通运输工程、信息与通信工程等优势专业突出。这些专业与第二产业中装备制造业等息息相关。

对于服务于第三产业的财经政法类高校。中央财经大学、对外经贸大学、中国政法大学等按照专业优势、地理分布、办学层次等进行分类。本研究将摒弃以往的以985高校、211高校等划分类别的做法，主要依据京津冀地区不同高校的特色优势、专业优势、教学科研优势进行分类，按照高新技术产业、高端服务业、现代物流业、都市农业、现代制造业等划分优势院校。

作为首都，北京市坚持和强化首都全国政治中心、文化中心、国际交往中心、科技创新中心的核心功能，深入实施人文北京、科技北京、绿色北京战略，努力把北京建设成为国际一流的和谐宜居之都。建设一流的城市必须有一流的教育，优先发展教育，提高首都教育现代化水平，充分发挥教育在推动首都科学发展和城市功能定位中的战略支撑作用。其中，高等教育与城市文化发展之间具有着互动的、双向的密切联系，高等教育对城市文化传承和创新发挥着不可替代的重要作用。北京作为首都，汇聚了各种优质资源。在这些资源的吸引下，各类高校、科研院所、医疗机构等扎堆现象也应运而生。北京市高等教育发展既面临疏解首都非核心功能的问题，也面临如何为首都新的核心功能和产业转型升级提供支撑的问题；既面临着与天津和河北高等教育转移协同合作的问题，也面临创新发展高等教育的问题。

目前天津市有综合类大学15个,理工类院校16个,财经政法类6个,语文师范类5个,体育艺术类7个,农林类1个,医药类高校5个。高校门类较为齐全。

表3-2 天津市高等学院本专科基本情况

年份	高校总数	综合大学	理工院校	农业	林业	医药	师范	语文	财经	政法	体育	艺术	民族
2016	55	15	16	1	0	5	2	3	5	1	2	5	0
2015	55	15	16	1	0	5	2	3	5	1	2	5	0
2014	55	15	16	1	0	5	2	3	5	1	2	5	0
2013	55	15	16	1	0	5	2	3	5	1	2	5	0
2012	55	15	16	1	0	5	2	3	5	1	2	5	0
2011	55	15	16	1	0	5	2	3	5	1	2	5	0

对于服务于第一产业的农林类高校,天津农学院是天津市属唯一的一所高等农业类院校,也是国家首批卓越农林人才教育培养计划改革试点高校。学校在农林类高等院校中其办学特色一马当先,拥有农学、水产养殖学2个国家特色专业建设点,1个国家级实验教学示范中心,7门市级精品课程,7个市级品牌专业以及1个国家级大学生校外实践教育基地。经过多年的办学实践,学校形成了以农科为主体和优势,紧贴区域经济社会发展,服务于沿海都市型现代农业的鲜明办学特色。其次,天津城建大学设有城市艺术学院,风景园林学是其特色专业之一。

对于服务于第二产业的综合类和理工类高校。天津有15所,理工类16所。在这其中,天津大学的机械设计及理论、动力机械及工程、电子科学与技术专业、信息工程、仪器科学与技术和流体力学,南开大学物理科学学院的光学学科为国家重点学科。天津工业大学的纺织工程、轻化工程专业、材料科学与工程专业,天津科技大学的生物工程、轻化工程专业,天津理工大学的机电控制及自动化、机械工程及自动化，中国民航大学的飞行器动力工程、交通运输、飞行技术专业等优势专业突出。这些专业涉及第二产业中的机械制造、材料化工、机电自动化等方向，为国家发展第二产业输送了大量高级人才。

对于服务于第三产业的财经政法类高校。南开大学的经济学院是国际知名的经济学人才培养基地、中国经济改革与发展的重要思想库，其开设的金融学、经济学、会计学等专业全国知名。其次，天津财经大学是天津市属重点大学和天津唯一一所以财经类专业为办学专长的现代财经类多科性大学，学校拥有应用经济学、工商管理、统计学等国家级重点学科，成为中国北方培养高级经济管理人才的重要基地。除此之外，天津商业大学的金融学类、经济学类、财务管理、法学专业，天津科技大学的财务管理、国际经济与贸易专业，天津师范大学的政治学与行政学专业成为各高校办学优势专业，在为我国经济建设和社会发展培养"经世济国"型人才方面发挥了重要的作用。

天津市现共计拥有高等学校 55 所，其中包含本科 18 所。国家级重点学科 59 个，数量位于北京之后、河北省之前。天津市目前已形成以天津大学、南开大学为第一梯队的全国知名 985 院校，还有天津工业大学、天津财经大学、天津师范大学、天津商业大学、天津中医药大学、天津理工大学等第二办学层次的市属重点高校，以天津农学院、天津体育学院、天津职业技术师范大学等职业类特色专业院校。另外，天津市积极实施"研究生教育创新计划"，研究生教育综合改革工作稳步推进并取得卓越成效，人才培养质量明显提高。

天津市高等教育资源相对比较丰富。但与天津市建设北方经济中心、先进制造业基地等功能定位还不相符，特别是在技术研发方面，需要强化与北京的对接。

目前河北省有综合类大学 15 个，理工类院校 16 个，财经政法类6个，语文师范类5个，体育艺术类7个，农林类1个，医药类高校5个。

表3-3 河北省高等学院本专科基本情况

年份	高校总数	综合大学	理工院校	农业	林业	医药	师范	语文	财经	政法	体育	艺术	民族
2016	120	15	23	2	0	12	10	2	16	4	1	4	0
2015	118	15	20	2	0	12	9	2	16	4	1	4	0
2014	101	15	18	1	0	8	8	2	11	4	1	4	0
2013	101	15	18	1	0	8	8	2	11	4	1	4	0
2012	95	13	16	1	0	7	8	2	10	4	1	4	0
2011	91	10	15	1	0	7	7	2	10	4	1	4	0

对于服务于第一产业的农林类高校，河北农业大学是河北省唯一一所以农林类专业为学校办学特色的省部共建的综合性大学，也是中国建校最早的高等农业院校。学校由国家教育部、农业部、国家林业局与河北省人民政府共同建设，拥有国家重点（培育）学科1门——作物遗传育种专业，农业部重点学科1门——果树学，国家林业局重点学科1门——森林培育，以及河北省重点学科16门，省强势特色学科4门。多年来，学校秉持"艰苦奋斗、甘于奉献、求真务实、爱国为民"的"太行山精神"，被教育部树立为高校农林类人才培养的一面旗帜，为河北省农林类高校建设做出先锋示范作用。

对于服务于第二产业的综合类和理工类高校。河北工业大学作为河北省人民政府、天津市人民政府和教育部共建高校，是河北省唯一的国家"211工程"重点建设高校，并于2016年入选河北省"国家一流大学建设"一层次学校。该校的机械设计制造及其自动化、电气工程及其自动化、金属材料工程、高分子材料与工程、化学工程与工艺、应用物理学专业是国家级特色专业。除此以外，燕山大学的机械工程、材料科学与工程，河北大学的光电信息科学与工程、应用物理学，河北工程大学的采矿工程、建筑学、土木工程，河北科技大学的化学工程与工艺、金属材料工程、制药工程，华北理工大学的土木工程、冶金工程等专业办学优势突出，为我国第二产业蓬勃发展输送了宝贵的专业人才。

对于服务于第三产业的财经政法类高校。河北经贸大学、河北金融学院、石家庄经济学院是河北省三所以财经类专业为办学特点的院校，金融学、经济学、会计学、审计学等成为其优势专业，成为众多经管类学子云集求学之地。另外，河北地质大学拥有会计学、工商管理、市场营销、法学三个国家示范管理专业以及经济管理一个国家级实验教学示范中心。

河北省现共计拥有高等学校118所，其中包含本科59所，大多数以专职院校居多。河北省目前仅拥有河北工业大学一所211高校（天津总校和廊坊分校），其次，拥有燕山大学、河北大学、河北师范大学、河北科技大学、河北医科大学、河北农业大学、河北地质大学、河北经贸大学、河北工程大学、华北理工大学等第二办学层次的重点高校，以及河北金融学院、石家庄铁道大学、石家庄经济学院、河北建筑工程学院等第三办学层次院校。另外，河北省的在校研究生教育人数为4.2万人，分别为北京与天津的14.4%、77.1%。可见，河北省的高等教育资源数量、规模虽然在总体上占一定优势，但教育资源质量远不及北京与天津，是京津冀乃至整个环渤海地区高等教育的"洼地"。

从教育、科研两类人才所做的简单对比，就可以明显地看出，北京、天津、河北三地在中高层次人才数量方面，呈现倒金字塔结构。

京津冀教育的发展不平衡由三地的经济发展不平衡决定，这类不平衡直接造成了高校之间的资源共享渠道不畅通。但随着京津冀区域经济一体化的快速发展，对京津冀高等教育一体化的要求却也越来越迫切。这类制约与需求的矛盾，便是京津冀高等教育发展面临的主要困境。区域高校办学定位模糊，人才服务区域发展动力不足，京津冀区域内多所高校在自身办学定位时忽视为区域发展服务的办学理念，人才培养模式无法与区域发展水平、速度和规模相契合，难以满足区域发展对各种类型人才的需求，在产业结构升级中没能充分发挥人才的支撑作用。

经过调查发现，北京、天津综合型大学的专业设置、课程设置趋于相同，河北的职业教育发展乏力，出现教学内容陈旧、重复，教学方法简单，教学手段落后等情况。多数高校课程设置"学科本位"的特征突出，专业口径窄、学科知识孤立、专业适应性差。在课程环节设置上，理论教学与实践脱节，必修课程多，选修课程少。如此培养出来的学生仅能掌握专业基本素质，服务地缘优势的能力、渠道及意愿逐渐退化，毕业后学生大多选择留在"机会较多"的特大城市就业，不但造成了特大城市的"人口滞纳"，而且导致了区域优势产业发展缓慢、区域发展失衡的恶性循环。

随着京津冀协同发展的推进，高等教育协同必然成为区域创新驱动增长的重大智力引擎，推动区域产业优化升级和发展模式的转变。

第五章 京津冀高等教育与产业链匹配机制

京津冀三地产业梯度差异较大，北京早已进入后工业化阶段，形成由知识和技术要素驱动的发展模式，而河北依靠资源和劳动力驱动，天津处于两者之间。高等教育产学研结合中不同主体的地位不同。在企业、高等院校、科研院所、政府产学研合作中，高等院校构成主导推动层，企业构成辅助参与层；在科技开发型产学研合作和生产经营型产学研合作中，企业处于主导推动层地位，高等院校、科研院所则发挥着辅助参与层的作用。高等教育产学研项目管理的创新路径需要政府的引导，而高校与地方合作促进科研成果产业化的创新路径则需要政府的积极引导和主动参与。高校校际联合以及高校内部成立产学研管理委员会和成立专门的技术许可机构则需要高校自身相互加强联系，并且通过高校内部成立专门的机构主动与产业部门和专利部门联系，以更好地促进产学研相结合。

一、京津冀产业发展与高等教育匹配现状分析

在京津冀规划纲要中指出北京市是"全国政治中心、文化中心、国际交往中心、科技创新中心"。习近平总书记提出"把北京建设成为国际一流的和谐宜居之都"，即是要把北京建设一个"人文、

科技、绿色"的环境,因此就要调整疏解非首都核心功能,优化产业结构,把非首都核心功能产业尽可能压缩或疏解到周边,对工业的调整作为重点,将北京地区的产业推向高端化、服务化、集聚化、融合化、低碳化发展方向。同时疏解人口密度,调整高校、医院等密集区。缓解首都交通等压力。

表 5-1 北京市产业占比

	2013	2016		2013	2016
第一产业	0.8%	0.5%	农、林、牧、渔业	0.8%	0.5%
第二产业	22.3%	19.2%	高新技术制造业	18.1%	15.6%
			现代制造业		
			战略性新兴产业		
			建筑业	4.2%	4.1%
第三产业	76.9%	80.3%	金融业	14.5%	17.1%
			信息传输、软件和信息技术服务业	9%	10.8%
			批发和零售业	12.2%	9.4%
			科学研究和技术服务业	7.4%	8.4%
			租赁和商务服务业	7.9%	7.4%
			房地产业	6.9%	6.7%

在北京市地区生产总值较高的主要是第三产业,其次是第二产业,最后是第一产业。在这些产业中排在前四位的依次是金融业,制造业,批发和零售业,信息传输、软件和信息技术服务业。在这些产业当中,发展相对较快的是金融业和信息传输、软件和信息技术服务业,即这也是北京市近些年大力发展和规划产业。与北京市院校项目统计表中发现,在北京市的毕业生中,毕业人数排在首位的学校也是理工和财经类院校,在北京市产业发展中,金融业和软件业等发展都是和学校毕业生专业人数相协同。但是,北京还有数量众多的理工类、工程类、农业类、机械类院校和专业,除了部属

院校之外,还有市属院校,因此,根据北京市疏解非核心功能和构建高精尖经济结构,需要对相关高校加强疏解和提升力度。

天津市是我国的四大直辖市之一。在《京津冀协同发展规划纲要》确定了天津在京津冀协同发展中的功能定位:全国先进制造研发基地、北方国际航运核心区、金融创新运营示范区、改革开放先行区。在未来,天津市的科研、航运、金融、和改革将得到优先发展与提升。在京津冀产业发展中,天津的第二产业和服务业接近50%,同时在京津和津冀间优势产业重合度较高,存在严重的产业趋同的竞争倾向。如何优化产业结构,更好地作为一个特色的试验区、示范区、先行区,是天津适应自己的定位发展所必须的。

京津冀协同发展是国家在新的历史条件提出的新的战略要求,在《京津冀协同发展规划纲要》中对天津市的定位确定了天津市在新时代发展中承担的历史地位,提高自己的科研水平,优化发展产业体系,成为新技术、新工艺、新装备、新业态、新模式的原创地和策源地,成为科技研发转化和创新成果产业化基地,支撑和引领全国制造业发展。通过海空两港为核心,道路交通为骨干,提高自己在城市全球化中的辐射能力,优化自己的资源配置,推动自己的产业走出去,做好金融创新运营,坚持改革开放,使贸易往来更加昌盛,成为示范区的大城市。

表5-2 天津市产业占比

	2013	2016		2013	2016
第一产业	1.3%	1.2%	农、林、牧、渔业	0.8%	0.5%
第二产业	50.6%	44.8%	装备制造业	18.1%	36.1%
			消费品制造业	—	20.8%
			新兴产业	—	16.5%
			建筑业	4.3%	—

(续表)

	2013	2016		2013	2016
第三产业	48.1%	54%	金融业	—	—
			信息传输、软件和信息技术服务业	30.8%	—
			批发和零售业	—	—
			科学研究和技术服务业	—	—
			租赁和商务服务业	—	—
			房地产业	—	—

在天津市的社会固定资产投资中，天津市的制造业、房地产业和公共设施管理业，投资最大，并且在2013年到2014年中，在这上面的固定资产依然再呈上升趋势。其中在2013年到2014年中投资增加最快的产业依次是批发和零售业，教育，信息传输、软件和信息技术服务业、科学研究和技术服务业、金融业。天津市在保持传统优势产业如装备制造业矿业同时，发展现代产业金融、电子信息技术、航空航天、石油化工等，逐步扩大天津的产业发展。

在天津市高等学校分科学生数中，可以看到天津在自己传统产业相关专业中，制造业、土建等专业学生依然保持着优势。在发展自己金融业、电子信息技术新产业中，在高教积极培养管理学、工学、财经学学生，在这些相关领域专业中明显的扩大招生比例。因此，天津市的高等教育与天津的产业发展方向不可分。天津市的高等教育推动天津市产业的发展，天津市的产业发展方向引导着高等教育的培养方向，两者相互协调发展，共同决定天津市的产业链。天津市的高校在先进制造业、经济管理方面仍然需要强化发展，承接部分北京市高校疏解。

在京津冀协同发展规划的国家战略中，为了重新规划河北省在北京边缘的地位，给予河北省："全国现代商贸物流重要基地、产业转型升级试验区、新型城镇化与城乡统筹示范区、京津冀生态环境支撑区"的一个定位。把河北的发展放在国家的战略上。河北省相对于北京和天津在经济和教育中处于明显的劣势,积极落实国家发展战略,缩小与北京天津的差距,建设京津冀世界级城市群,抓住机遇,实施崛起。利用北京向河北疏解首都功能,着力于与京津互联互通,加快道路交通建设,与国际化大城市实施商贸往来,加快产业转型,承接北京非首都功能产业,有效规范合理应用开发区基地,做好产业优化布局,同时加快新型城镇化,完善城镇布局,促进各个城镇协同分工,共同承接北京转移出的产业,打造好园区建设。担起保护北京生态环境的重任,北京与河北相互依靠,优化首都环境从周边做起,支撑起北京的生态系统。

  河北省的第一产业在全省生产总值中还是占主要地位,河北省的第二产业工业和建筑业也是天津市产业的总要组成部分,在第三产业中天津市的金融业、租赁和商务服务业、科学研究技术服务业、文化体育娱乐业发展更为迅速,这些得益于北京关于河北省五大战略的提出。河北省积极抓住京津产业转移这个千载难逢的重大历史发展机遇,努力做好各项工作。一是主动和京津搞好政策衔接,研究制定吸引京津产业转移的政策措施,加强与京津方面的沟通跑办理,承接京津生物制药、先进制造业、高新技术产业、专业市场和科教机构转移。二是加强正定新区、东部和南部产业基地、物流产业基地等13个平台基础设施和公共服务设施建设,提升承载能力,积极承接非首都核心功能疏解和京津产业转移。三是围绕构建京津"一小时交通圈",积极推进石客专、石济客专等高速铁路工程,加快京石邯、津石城际铁路和石衡沧铁路出海通道建设,争取将沿山高速公路纳入京津冀协同发展规划。尽快启动石津、石衡等高速公路建设,强化省会综合交通枢纽和物流中心的功能地位,为推进京津冀协调发展提供强力支撑。争取在京津冀协同发展中不断挖掘自我，完善自我，最终实现经济的绿色发展，河北省的绿色崛起。

在中国的500强企业名单中，河北省有14家企业入围，其中，长城汽车、新奥能源、英利绿色能源等装备制造、新能源企业排名上升，折射出河北省产业结构出现令人欣喜的新变化。在过去的发展中，河北省主要是发展传统人们一说河北的产业，就是"傻大笨粗"，过去只有钢铁、水泥、玻璃等传统产业。河北省加快"无中生有"促转型，把发展战略性新兴产业，作为培育新的增长点的重头戏来抓，一批新的产业和新的企业加速兴起，战略性新兴产业正向"高精尖特"迈进。加快了京津冀的协调发展。

表5-3 河北省产业占比

	2013	2016		2013	2016
第一产业	12.4%	11%	农、林、牧、渔业	12.4%	11%
第二产业	52.1%	47.3%	装备制造业	18.1%	19.2%
			钢铁	—	20.8%
			石化	—	—16.5%
			医药		
			建材		
			食品		
			纺织		
			建筑业	4.3%	—
第三产业	35.5%	41.7%	金融业		
			信息传输、软件和信息技术服务业	—	18.4%
			批发和零售业	—	—
			科学研究和技术服务业	—	—
			租赁和商务服务业		
			房地产业	—	—

河北省是纺织制造，冶炼钢铁，医药产业发达的省份，也是我国北方的民营企业集群大省，同时它的产业集群也是唯一一个可以

与沿海各省相提并论的一个大省，在其中，民营企业的发展为高等教育的发展奠定了较好的经济基础，大大地推动了产学研相结合。河北省管辖区的石家庄、唐山、秦皇岛、保定、廊坊（两翼一线中的一线）五个骨干城市拥有河北省110所高等院校中的80所，所占比例达到72.7%。河北在全国拥有高校的数量也是排在前列。在近年来，河北省高校重点实验室、硕博授权单位的不断增加。在"211工程"重点学科领域中，以工学为主，特别是在电机与机器，机械设计等专业优势突出，从科研优势来看，河北省在黑色金属冶炼及压延加工业方面更为突出。河北省产业的发展离不开高等院校的合作和政府企业资金的支持，在河北省新兴的产业中，新材料的发展有了一定规模的成果，新材料的发展是改造提升传统产业、做大做强先进制造业的基础支撑和重要先导。是对全省新材料产业发展的引导和支持，河北省也在高等院校中加强与新材料科研的合作，促其尽快成为战略性支柱产业，依托燕山大学、河北工业大学、河北科技大学等高校，联合相关科研院所、产业技术创新联盟等，建立面向全省新材料领域的研发平台。依托新材料产业基地或龙头企业建立公共服务平台，为中小企业提供信息咨询、试验开发、推广应用以及设计加工、检验检测等一站式服务。同时，推进重点产业基地，全省新材料产业（暂用高新技术产业增加值数据）规模以上企业573家，从业人员近10万人；完成增加值261亿元，占战略性新兴产业的17%，是全省战略性新兴产业领域第二大行业。在晶硅材料、液晶材料、特种陶瓷、高品质特殊钢、碳纤维、钒钛及中间合金等新材料领域具有较强的技术实力和竞争优势，形成了石家庄国家半导体照明、唐山国家钢铁材料、承德国家钒钛新材料、邯郸办公自动化耗材和特种电子气体新材料等一批特色鲜明、国内领先的新材料产业基地，涌现了河北立中、汉光科技、保定乐凯、同辉电子、承钢钒钛等一批知名度高、竞争力强的骨干龙头企业，建设了燕山大学亚稳材料制备技术与科学、英利集团光伏材料与技术、东旭集团平板玻璃技术和装备等一批国家级重点创新能力平台。同时，河北省新材料产业也面临着整体规模偏小、行业布局分散、创新能力不足、产业链较短等问题，亟待加以解决。

二、京津冀产业发展与高等教育协同方面存在的问题

目前，天津市各大高校在培养机械制造、电气自动化、材料化工等第二产业类人才优势专业云集，对于财经类专业人才的培养能力紧随其后。但由于历史原因，天津市很多优势学科主要集中在传统学科，尤其是一些重点学科的分布还主要集中在文、理科。随着京津冀协同发展战略的不断深入实践以及产业链视角下各大产业矛盾调和趋势的影响下，天津市现有高等教育新兴学科建设不足、边缘学科匮乏的弊端逐渐显现出来。因此，充分把握京津冀教育协同战略机遇，与北京、河北两地教育资源优势互补、合作发展，教育结构优化与内涵化发展尤为重要。

改革开放之前，河北省的三大产业比重一直大致维持着"二一三"的固定模式，随着近年来河北省的经济不断发展，以及"京津冀一体化发展战略"的实施，河北省的三大产业结构逐渐向"二三一"的模式靠拢，并且这个趋势逐渐增大。在此变化过程中，第三产业所占比重变化稳中有增，但是未能成为河北省经济发展的主导产业，所以呈现出的局面是目前河北省仍以第二产业为最。根据一般的区域产业演变规律可知，区域产业结构的演变过程是开始由第一产业到以第二产业为主导，再到第三产业占据第一的位置。因此，河北省高等教育的人才培养结构设计应积极向区域产业演变的规律靠拢，以促进经济社会发展。

目前，河北的三大产业结构与经济社会发展需要、高等教育人

才培养不匹配。在河北省第一产业走弱、第二产业稳定和第三产业上升的发展过程中，职业型、高学历的人才更符合河北省在产业转型中的人才需求，因此相对来讲对技能型的专科层次的毕业生需求较少。在高校扩招政策的影响下，越来越多的高等院校扩大了对本科、硕士层次的招生规模，造成了毕业生就业困难的现象。同时，各大小企业也面临着招工难、缺乏专业技能型人才的招工问题，这就反映出了现下阶段三大产业转型升级与高等教育错位发展的现象。因此，河北省在"京津冀高等教育协同"战略下调整高等教育人才培养层次结构，改变传统"大却不精"的不利局面，提高专职院校教学实力迫在眉睫。

京津冀高等教育的发展变化对产业结构优化升级存在巨大影响，高等教育层次结构的升级有利于推动三地经济发展。因此，"高等教育与产业协同发展"被作为推动"京津冀一体化发展战略"的重要方面而触发，并逐渐发挥越来越大的影响作用。但"京津冀高等教育与产业协同发展"作为一项教育活动，其效果及今后对京、津、冀乃至国家经济发展、社会公平等问题所产生的正面或负面效应该如何评价；应该在什么时候、多大程度上进一步拓展高等教育一体化的维度、深度等相关理论与实践问题，都需要在当前"京津冀一体化发展战略"理性化深入的关键时期得以确定和解决。同时，京津冀高等教育与产业协同发展作为"京津冀一体化发展战略"的衍生附属物，通过特定区域内高等教育结构合理性来促进城市人口流动的扩散效应，达到二次构建城市功能的作用，有可能导致在研究执行区域内的经济、政治、文化甚至生态等多项社会涉及方面形成缓和的矛盾。"京津冀高等教育与产业协同发展"战略在具体实施推进中仍困难重重，其战略促进"京津冀一体化发展战略"、北京非首都核心功能疏解、城市功能规划与分区的效果也不明显，存在以下几方面的问题：

第五章　京津冀高等教育与产业链匹配机制

高等教育协同发展顶层设计还不完善。在京津冀协同发展国家大战略下，高等教育需要形成与京津冀区域空间布局相协调，与产业结构相适应，与城市发展需求相结合的高等教育资源空间布局。北京正在加快首都非核心功能疏解，教育、医疗等是重要内容，正在推进部分功能核心区的高等教育资源向城市发展新区及津冀地区疏解。鼓励在京高校加强与津冀高校的校际合作，支持津冀地区的高校做大做强，突破体制障碍引导部分有条件、有需求的在京高校在津冀兴办分校。河北作为人才洼地，亟待高等教育资源注入，促进产业转型升级。然而，京津冀三地高等教育与核心功能疏解及承接联系不紧密，缺乏有效的统筹规划和顶层设计。北京、天津的高校优势学科和专业并没有和京津冀产业形成产学研合作的机制。良乡、廊坊、曹妃甸、邢台等地的高教园区仅仅是把高校捏在一起，没有形成与当地经济社会发展的良性互动，更没有结合京津冀协同发展。

京津冀高等教育发展与区域经济社会发展结合不紧密。目前，京津冀高等教育在与区域经济社会发展存在脱节，还没有充分发挥人才培养、科技开发、社会服务的作用。人才培养目标定位显然与不均衡的区域经济发展现实相背离，与不同区域对人才需求的要求不一样相违背。专业是高等教育办学和社会经济发展的契合点，但目前高校对专业发展的整体规划不够，没有认真分析区域产业背景、行业格局、企业需求和自身办学条件，专业设置在一定程度上带有随意性和盲目性，跟风设置所谓的热门专业，与区域社会接轨不密切，其结果是大量相同或相似专业的重复设置，优质资源分散，专业同质化现象日趋严重。在人才培养过程中类型特征和层次特色不鲜明，在带动区域产业结构转型升级和促进新的经济增长点方面的作用不大。

高等院校、院校与产业之间缺乏互通和共享机制。京津冀各大学之间还是各自为政，没有形成真正的优势互补和资源共享。北京、天津综合型大学的专业设置、课程设置趋于相同，河北的职业教育发展乏力，出现教学内容陈旧、重复，教学方法简单，教学手段落后等情况。多数高校课程设置"学科本位"的特征突出，专业口径窄、学科知识孤立、专业适应性差。在课程环节设置上，理论教学与实践脱节，必修课程多，选修课程少。如此培养出来的学生仅能掌握专业基本素质，服务地缘优势的能力、渠道及意愿逐渐退化，毕业后学生大多选择留在"机会较多"的特大城市就业，不但造成了特大城市的"人口滞纳"，还导致了区域优势产业发展缓慢、区域发展失衡的恶性循环。

三、京津冀高等教育与产业链发展匹配机制

应综合规划京津冀高等教育布局，形成依托区域经济社会发展的、以市场为导向的、学科结构合理的高等教育发展新格局，培养符合三地经济、社会发展需要的不同层次、不同结构的高等教育人才。北京和天津建立和完善以研究生培养为核心的教育功能区，河北建立和完善同本地产业相联系的本、专科教育功能区。建立三个高等教育合作平台，以北京为核心搭建人力资源互通平台和高等教育高端合作平台，以天津为核心搭建职业教育发展平台和科技创新合作平台，以河北为核心建立高校产学研协同基地和成果转化基地。

京津冀根据自身的优劣势条件来进行深层次的定位合作势在必行。跳出教育看教育，结合京津冀产业链发展和高校专业特色优势，构建基于产业链的京津冀高等教育协同发展机制。通过产业链协作促进高等院校协同发展，使得高校协同发展有了扎实的经济基础，有了可靠的抓手，使得教育区域协同发展有据可依，有了丰富的协同发展内容。通过高校协同发展促进区域内产业链分工协作，为京

津冀一体化发展提供智力支持和人才保障,也促进各个高校凝聚特色,避免重复建设和各自为政,为高校更好的融入区域产业聚集发展寻找出路和途径。目前来看,北京市需要在产业链的科技创新、物联网、新金融、终端销售、品牌等方面,支持高等院校学科布局、科学研究和人才培养。天津市则主要围绕先进制造业、经济、管理等方面支持高等教育发展和对接北京高等教育。河北省则应该注重农业、加工业、高技能人才、物流等方面的高校发展和承接北京、天津的高等教育。

(一) 京津冀农业产业链与高等教育链重构发展机制

农业区域协作是京津冀协同发展的重要内容,北京、天津是生鲜产品主销区,需求量大,河北是农业大省,生产量大。受地理、人口、农地资源等诸多因素的影响,京津冀三地农业产业链发展的现状存在较大差异,为此京津冀三地高等教育与农业产业链的重构发展机制也应该因地制宜。北京与天津两市的农业属于都市现代型农业,而河北省目前的大部分地区的农业属于基地现代型农业。目前,河北的农业在科技化、设施化、循环化、精品化等诸多方面的水平比较低,相对于北京与天津两市拥有较高水平的农业产业链现状而言,河北省既有前向拓展农业产业链链条、积极接受北京与天津地区先进研发科技辐射的需要,也具有后向延伸农业产业链链条、积极吸纳北京与天津发达的农产品加工技术转移、促进农产品加工增值的需求。充分利用北京科技资源优势和消费集中优势构建从肥料、土壤改良到零售的京津冀农业全产业链,促进区域农业合作。北京的优势环节在于种子等新技术研发、金融服务、终端零售等环节,天津的优势环节在于都市农业、设施农业、水产等,河北的优势在于农业生产、食品加工环节。围绕这些优势环节可以充分发挥中国农业大学、北京林业大学、北京农学院等在技术创新方面的优势，发挥财经类院校在金融、品牌等方面的优势。天津则充分依托天津农学院、中国农业大学等加强设施农业、水产方面的学科布局。着力推广并发展高新科学技术农业、海洋农业、特色种养业、农产品加工业和休闲观光农业，促进现代科技水平、综合生产能力和整体竞争优势提升。河北则可以依托河北农业大学等院校开展农业技术推广、食品加工、物流技术方面的学科布局。培养高校农林类人才进行农业技术研发。同时，农业龙头企业可以借助现代信息平台和物流网络营销的办法，在农业资源丰富的河北地区建设高等学校农产品生产和加工研发基地，形成科技和市场两头在内、基地生产及加工在外的农业产业链的合作发展格局。以基地建设的形式完成京津冀三个地区农业科技成果转化以及市场化的对接，加快以农产品生产基地建设为核心的高等教育参与农业产业链跨区域协作链条的建设，推动形成京津冀三地从高等院校科技研究到技术开发、成果转化、市场推广的跨京津冀农业产业增值链，促进京津冀区域的农业现代科技水平、综合生产能力和竞争优势整体提升。

（二）京津冀汽车产业链与高等教育链重构发展机制

京津冀三地的汽车产业既是本地的优势产业，同时在全国也占有重要地位。但是京津冀三地的汽车产量、产值、增加值、利润总和占全国比重并不高，说明京津冀三地的汽车产业虽然在全国占有一定的地位，但是三个地区汽车产业的全国竞争能力并不强。同时，尽管相关企业研究机构相继建立，但包括整车和零部件相互对接、产学企研协作的京津冀区域技术创新体系尚未形成，产出投入比例不高，新车自主创新能力不足以支撑自主品牌建设与发展，科研院校的技术创新成果完全市场化还有很大的发展空间。因此，重新构造京津冀汽车产业链和高等教育协同创新链发展机制，提高汽车产业链的核心竞争力十分重要。京津冀经济一体化的大背景下，三地不同的优势资源、城市功能定位、对外影响力等因素，北京地区主要以科研技术服务为主、天津主要以加工制造为主、河北则为原材料的供应中心。因此北京市要充分依托高等教育资源开展技术创新，天津则是技术推广，河北发展与汽车组装、原料供应为核心的学科建设。

北京可定位为汽车高级金融服务中心、汽车产业共性科技研发中心、汽车设计与展览中心、中高级乘用车和商用车制造中心。依托清华大学建立汽车安全与节能国家重点实验室、与北京汽车研究所，开展创新性、前瞻性和共性技术研究；围绕北京航空航天大学、北京科技大学、北京理工大学等高校开展新能源汽车和智能化汽车和数字化制造研究；围绕北京交通大学重点开发电动汽车的电控系统、车用传感器、车载终端系统；围绕北京化工大学开发动力电池的石墨烯材料、电机稀土材料和新能源汽车用薄硅钢等技术。

天津可定位为整车整合与关键汽车零部件研发与制造中心，汽车物流中心。依托天津大学建立河北省汽车技术研究中心，开展汽车核心部件应用性技术研究开发；围绕天津理工大学进行汽车高效动力总成、发动机电控供油系统、可变配气机构等机械电动机方面的研究；围绕天津工业大学、天津科技大学等高校重点开发车用电机、电池批量生产工艺及装备、测试技术服务平台等方面；围绕中国民航大学重点推进纯电动汽车和插电式混合动力汽车研制开发、示范性新能源汽车与节能汽车充电服务网络的研究。

河北可定位为汽车零部件研发及制造中心，汽车原材料配套基地。依托燕山大学，利用发达的原材料工业体系，建立汽车科技创新园区和先进制造基地，开展基础材料和工艺性汽车制造技术的研究；河北科技大学、河北大学、华北理工大学等高校带头、与河北省众多职业类专科院校合作，重点开发车用高强度钢和镁铝合金材料、齿轮精加工机床，以及大型铝/镁合金精密压铸、精密锻造技术、高强度薄壁铸铁结构件精密铸造等工艺技术，并可在北京顺义、天津武清、河北定州等区域设立汽车科技园和产业发展基地，更好地促进京津冀汽车产业链与高等教育协作发展模式的构建。

（三）完整的医药产业链主要包括4个重要环节

药物产品的研发、生产制造、药品的流通、药品的消费与医药服务，各环节相互依存，密不可分，具有与一般产业相同的规律，通过对物流、信息流、资金流的掌控实现整体价值的增加。京津冀在生物医药产业领域具有强大的优势，拥有多项产量世界第一、规模巨大，国内称雄的药品品种及其生产基地、众多国内国际具有影响力的制药企业云集、雄厚的科技研发能力，人才高度聚集，这些都为三地医药产业良好的进行协同发展提供强有力的支撑作用。但是，京津冀生物医药产业与国内外同行相比，普遍存在组织结构不合理、巨型生物医药企业不多、国际竞争能力弱等问题。三地应根据自身条件明确加强产业链中对应环节的竞争力，京津两地雄厚的资源优势、及高度的人才聚集、巨大的国际产业影响力，成为了药品研发与销售服务环节的必要选择，而河北地域优势明显、优质药材种类多、产业规模大，作为全国最大的中药材专业市场——安国"千年药都"，有效的带动了京津冀地区中草药的加工和销售环节。北京留存这众多的中医老字号和名医，具有创新优势，为京津冀地区中药产业进一步深度融合提供保障。京津冀医药产业要迅速提升整体产业竞争力，就必须在思维模式、服务手段、组织结构上不断创新，冲破行政区域舒服，深度合作，强化京津冀都市圈意识，快速形成三地医药产业链的区域服务。三地的高等院校要围绕产业链布局学科和专业。

（四）京津冀物流产业链与高等教育链重构发展机制

由于交通是经济发展的基础条件，京津冀协同发展中最先受益的就是流通产业，故构建京津冀物流产业链与高等教育协同发展机制是京津冀三地经济一体化的重要桥梁和纽带。目前，京津冀地区虽然地理位置上毗临，但由于历史、行政、文化等诸多方面不同，整个物流链中存在短板于弊端，京津冀物流一体化发展也受到阻碍。北京和天津的物流企业管理水平相对科学，在信息化和低成本方面管理较好，但在设备标准化和服务标准化方面比较欠缺，进而影响了物流的自动化与精益化水平，极易造成物流运输不畅。相比较而言，河北省因物流发展滞后，物流企业管理理念陈旧，标准化意识淡薄，特别是物流网络信息化建设薄弱，难以与京津形成共享和兼容。这极大影响了京津冀经济社会发展，因此构造京津冀物流产业链与高等教育协同发展机制十分有意义。

北京交通大学、北京物资学院等物流类特色高校可与北京其他财经类院校如中央财经大学、对外经贸大学等携手联合，努力成为现代化物流管理的先行者，大力研发物流产业链中的先进技术设备和管理系统。例如，通过条形码技术、射频识别、自动分拣、仓库智能管理等先进技术，以及物流信息和标准化管理，使用现代化的物流技术来提高物流效率和服务质量，向现代化的物流进行转型，向安全仓储、智能配货、精准分拣、快速运输的目标努力，全面提高物流服务质量和效率，从而引领行业发展。

南开大学、天津财经大学、天津商业大学等高校可介于天津市在物流行业发展中的定位，联合北京的物流类特色研究院校，在港口设施和航运船舶方面以国际先进技术为标准，研究如何提高港机装备制造和装卸工艺水平，以充分发挥天津港口物流运输的优势。

河北省因短板过多，所以必须全方位发展，可与北京、天津的物流类与财经类特色院校联合，结合本省河北经贸大学、河北金融学院等高校，加强本省流通企业物流信息化和物流设备基础建设研究，推行先进物流技术和管理，大力发展与物流配套的其他服务产业，同时可根据需要组建新的物流园研究基地和物流试点企业，以对京津高校提供试点支持，促进运输、储存、配送、信息管理等方面实现智能化，提高河北整体物流服务水平，缩小与京津的差距。

四、京津冀高等教育与产业链协同发展的对策建议

（一）以体制机制创新为保障，加强教育协同顶层设计

实现京津冀高等教育的协同发展，既需要有系统、科学的顶层设计，同时也需要建立一系列体制机制予以保障。

一是在遵循高等教育发展规律前提下，制定《京津冀高等教育协同发展规划》，将高等教育协同发展纳入三地的社会治理体系之中。二是完善三地高等教育主管部门工作协调机制，充分发挥三地政府的行政调控职能。可以由教育行政管理部门组成"高等教育协同发展委员会"，研究部署、指导实施京津冀高等教育体制改革和高等教育协同发展的具体措施。三是建立京津冀高等教育协同财政保障机制，协调与创新教育资源转移和承接手段与方法。中央财政可以加大转移支付力度，成立"京津冀高等教育协同发展基金"，为高等教育协同发展提供资金保障。四是建立一套行之有效的监督机制和评测机制，通过组建"京津冀高等教育协同发展咨询团"、聘请专业的第三方测评机构对调控过程和协同进展进行监督和科学测评，确保高等教育协同取得实质性效果。

（二）明确区域高校的办学定位

北京作为三地的"大脑"，高校应明确以培养拔尖创新型人才作为重要的办学方向，同时加快部分教育资源的疏解转移，积极推进京津冀高等教育协同发展；天津集聚国家产业价值链主导的企业集团的公司总部，具有较好的承接、对接、转移的教育基础、资源

基础，当地高校应将物流、管理、金融等作为重要的办学方向；河北省地域广阔、劳动力资源丰富，将成为产业链中下游高新技术产品配套的专业化加工基地和现代服务业外包基地，河北高校宜将现代工业、服务业等作为重要的办学方向。二是区域高校应将实施教学资源、科研资源共享工程作为实现高等教育协同发展的切入点。在教学资源共享方面，可通过共建校级教学资源共享平台，探索建立以学分制为基础的课程互选、学分互认制度，通过教师互聘、远程课程共享等方式实现教学资源共享机制。在科研资源共享方面，通过整合三地高校优质科研资源，建立校际科研资源共享平台，以及推进跨校、跨区域科研平台的共建。打造京津冀高校科技成果数据库，筛选一批技术先进、前景良好、战略性、前沿性强的科技成果在三地进行应用示范和推广，更好地服务区域发展。作为北京市属高校，北京工商大学为促进京津冀区域学科资源的共享互通，发起或参与了京津冀轻工类协同创新联盟、京津冀商科协同创新联盟、京津冀经济学科协同创新联盟、京津冀金融研究联盟等，为京津冀三地政产学研四方合作搭建了广泛的交流和沟通平台。与中国农业大学共同承接了"北京食品营养与人类健康高精尖创新中心"的建设，为实现京津冀跨区域科技合作，更好地服务区域发展做好准备。

（三）地区教育发展定位

首都高校"一心三区多点"的空间布局。"一心"是指北京地区内集中在城市中心区的一批高校形成的高校空间区域，包括北京大学、清华大学等历史名校、综合类大学、理工科大学、文科类大学、艺术类大学等多数高校。"三区"是良乡、沙河及通州高教园区。"多点"是在规划发展的各新城内建立的与地方经济发展有密切联系的理工科类院校及专科类院校，重组教育资源，逐步实施高校部分校区向新城的疏解。天津加强滨海新区学校建设。天津市将进一步优化高校布局,南开大学、天津大学新校区将坐落于海河教育园区。加强地处滨海新区有关高校的建设,增进与区域经济社会发展的紧密结合。同时,引进发达国家优质职业教育资源,在海河教育园区合作创办1所至2所高水平国际职业院校。河北进一步完善县县职教中心网络。早在1995年,河北省就推广确定了"县级职业教育中心办学模式",开创了县县有职教中心的先河。同时,坚持构建以县级职教中心为龙头,以乡镇成人学校为骨干,以村级成人学校为基础的县域农村职业教育网络,实行农科教结合和"三教"统筹,极大地推进了河北省农村职业教育的发展。河北省坚持"以服务为宗旨,以就业为导向",着力培养适应经济社会发展需要的高素质劳动者和技能型人才。

(四)以区域市场需求为导向,调整优化人才培养模式

高等教育与区域发展是一个有机系统,高校需要完善与区域发展相结合的人才培养模式和科教资源共享机制,把高校发展纳入区域发展的总体规划中。一是高校在确定人才培养模式时,要考虑区域优势产业的需求。三地高校在确定人才培养方案时,要深入调研市场需求,有针对性地改革现有的课程体系,开设区域发展需求的专业,为培养具有创新精神和实践能力的适应区域发展需求的人才提供途径。北京工商大学针对首都科技创新中心的新定位,推进学生科技立项,开展"大学生科学研究与创业行动计划项目"和"北京工商大学本科生科技立项"的活动,每年支持大学生科技创新立项200多项。同时,实施完成了创新创业园工程,截至目前,给予37支创业团队和24支创新团队扶持资金60万元,并帮助12支创业团队注册公司,为培养更符合首都定位的高科技人才创造条件。二是高校要加强区域政产学研融合,为人才提供与企业更加紧密的技能关联与科研关联,使人才成长路线与企业发展相伴而行。近年来,北京工商大学加强学生创业项目与政府、企业、社会平台的协同孵化，与品高软件、北京道然教育科技有限公司等多家企业达成校企合作；与多家社会孵化器合作，实现校内创业项目团队的成长预孵与社会孵化器的结合，使学生在校期间便参与企业的相关课题的研究，毕业后便可以享受企业的优惠就业政策和福利待遇，从而提升毕业生自身素质与企业要求的契合度。

综上所述，京津冀高等教育的协同发展既依赖于国家政府层面系统科学的顶层设计，也依赖于包括高校、企业、研究机构之间的通力合作。高校则应积极融入到国家战略之中，通过明确自身定位，加强区域间科教资源共享，根据市场需求不断优化符合区域发展需求的人才培养模式等途径，不断提升服务区域发展能力。

第六章　京津冀高等教育与产业链协同发展利益相关者分析

　　京津冀协同发展是一个重大国家战略，京津冀高等教育协同发展既是其重要内容之一，也是推动京津冀科技创新、产业升级等重要支撑手段之一。京津冀高等教育协同发展涉及中央政府、各地政府、高等教育院校、企业、协会等多个利益主体，如何克服利益主体线性思维和利益藩篱，形成京津冀协同发展的可持续机制，实现共赢发展，是京津冀教育协同发展亟待解决的现实问题。京津冀高等教育协同发展除了中央政府、三地政府和43个地级市区政府主体外，高校数量众多，相关高校协同还涉及教育、发改等14个部委主管部门。在多元化的主体构成下，区域高等教育协同面临着复杂的层级关系和利益分配问题。为此，迫切需要找到推动京津冀高等教育协同发展的动因和各种力量，建立推动京津冀高等教育协同发展的"公约数"，突出那些积极因素和力量，消除那些消极的因素和力量。构建京津冀高等教育相关利益主体协同一致的利益矩阵和行动方案，促进京津冀高等教育协同发展，进而推动区域经济创新发展和产业转型升级。

第六章 京津冀高等教育与产业链协同发展利益相关者分析

一、京津冀高等教育协同的相关利益主体

系统科学理论认为，社会系统是一个具有结构性或组织性的大系统，其中各个子系统通过有序的方式互相作用，并显示一定的功能，对整个社会产生作用，系统内在的协同特征应表现为系统演化过程中子系统实现内在协同功能从而实现整体系统的目标。京津冀高等教育协同发展是社会经济大系统协同发展的重要的子系统，区域高等教育的协同发展与政府、企业、协会等子系统协同发展不可或缺，亦受到彼此的制约，在运行的过程中不仅应根据整体目标实现自身的优化调整，更应在整个系统中实现良性互动，取得比单独优化结构更高的绩效，只有这样，社会经济大系统才能实现其整体目标。京津冀高等教育协同发展中各相关子系统就形成了利益相关主体。Freeman 在 1984 年给出利益相关者的经典定义，即"利益相关者是指那些能影响企业目标的实现或被企业目标的实现所影响的个人或群体"，并从所有权、经济依赖性和社会利益三个不同角度对企业利益相关者进行分类，即所谓的多维细分法：所有持有公司股票者是对企业拥有所有权的利益相关者，对企业有经济依赖性的利益相关者包括经理人员、员工、债权人、供应商、消费者、竞争者、地方社区等，与公司在社会利益上有关系的则是政府、媒体等。胡赤弟（2009）在高等教育引入利益相关者概念，大学的利益相关者理论也强调与社会各界建立合作伙伴关系，争取社会各方面对大学的广泛支持。胡子祥指出高等教育的利益相关者主要包括政府部门、高校的行政人员、教学人员、研究人员、学生、职业界、捐赠者、校友、中学生、社会、媒体、银行界等，他们要么受到高等教育的影响，要么有能力对高等教育施加影响，或者二者皆有。潘海生将大学利益相关者定义为：任何可以确认的大学组织持续生存所依赖

的群体和个人。在京津冀高等教育协同发展中的利益相关者是指与京津冀有一定利益关系的个人或组织群体,可能是直接参与者高等院校,也可能是客户外部的(如政府或协会)。因此,京津冀高等教育协同发展的利益相关者主要包括:中央政府、地方政府、高校、企业、协会等。利益相关者可分类如下:

表6-1 京津冀协同发展的相关利益主体

中央政府	京津冀协同发展是国家战略,教育部、发改委等部门与京津冀高等教育协同发展密切相关。京津冀有数量众多的教育部和其他部属院校。实际上中央政府既是政策制定者,也是高等教育协同的直接参与者
地方政府	京津冀三地政府肯定要执行国家战略。但三地的诉求是有差异的,北京市疏解非核心功能,天津市要强化高等教育,河北要补高等教育短板。即便是三地内部的不同地区差异也是很大的,比如,北京市主城区与郊区,河北很多地市都建立了大学城,当然是有竞争关系
高校	高校要响应国家战略,扩大办学空间,实现优势互补。但不可否认,高校内部对于京津冀协同发展也存在着不同的看法。部分高校疏解的内生动力不足,高校之间对接合作缺乏必要支持等
企业	校企合作是高等教育社会服务功能的重要体现,企业是市场推动高校协同发展的重要动力。但目前,京津冀三地之间的校企程度低,尤其是北京市高校与天津、河北等地的企业合作较为缺乏
协会	行业协会是市场和政府的第三方组织,也是京津冀高校协同的推手
公众利益群体	社会大众主要关心子女的教育权利和高校协同的影响
其他	金融机构、社会媒体等也会对校园建设等产生影响

高等教育的利益相关者是一个广义的概念。京津冀高等教育协同发展涉及中央政府、地方政府、高校、企业、协会等多个利益相关主体,不同的相关者在京津冀协同发展中所处的角色、责任、地位不同,他们的利益和要求也不同、不同的利益相关者之间的利益要求不仅会有差异,而且还可能是相互冲突和矛盾的。利益相关者能够影响京津冀高等教育协同发展的进程和目标,他们的意见一定要作为决策时需要考虑的因素。但是,所有利益相关者不可能对所

有问题保持一致意见,其中一些群体要比另一些群体的影响力更大,这是如何平衡各方利益成为京津冀高等教育协同发展的关键问题。

(一) 中央政府

政府是高等教育重要的利益相关者。高等教育发展始终离不开政府的支持,政府与大学之间的关系一直是高等教育中的重要关系。京津冀协同发展是国家战略,中央政府不仅是京津冀协同发展的政策制定者,更是京津冀高等教育协同发展的顶层设计者,而且京津冀高校中有中央部委直属高校45所,其中教育部直属28所,数量众多,影响广泛,也是直接参与者。实际上中央政府既是政策制定者,也是高等教育协同的直接参与者。

文化教育体系是京津冀协同发展的重要内容,既是疏解首都非核心功能的内容,也是促进京津冀协同发展的重要支撑。在京津冀高等教育协同发展中,中央政府利益最大化就是要求地方政府、高校、企业关心政府政策的变化并严格执行,努力到中央政府制定的相关政策,并且保障政府公共收益的实现。因此,中央政府是高度关注和支持京津冀高等教育协同发展。但从另一个角度讲,中央政府更多的是利用政策引导的方式,并没有采取行政命令的手段。而且,高等院校的调整牵一发而动全身,中央政府也很难通过行政命令来完成。

表6-2 京津冀中央部委直属高校

北京大学	中国人民大学	清华大学	北京交通大学
北京科技大学	北京化工大学	北京邮电大学	中国农业大学
北京林业大学	北京中医药大学	北京师范大学	北京外国语大学
北京语言大学	中国传媒大学	中央财经大学	对外经济贸易大学
国际关系学院	中央音乐学院	中央美术学院	中央戏剧学院
中国政法大学	华北电力大学	中国矿业大学(北京)	中国石油大学(北京)

(续表)

中国地质大学（北京）	北京航空航天大学（工业与信息化部）	北京理工大学（工业与信息化部）	北京电子科技学院（中央办公厅）
北京协和医学院（卫生部）	外交学院（外交部）	中国人民公安大学（公安部）	北京体育大学（国家体育总局）
中央民族大学（国家民族事务委员会）	中华女子学院（中华全国妇女联合会）	中国劳动关系学院（中华全国总工会）	中国科学院大学（中国科学院）
中国社科院大学（中国社科院）	南开大学	天津大学	中国民航大学
华北电力大学（保定）	华北科技学院	中国人民武装警察部队学院	中央司法警官学院
防灾科技学院			

（二）地方政府

在京津冀区域中，北京和天津为直辖市，而北京更是中国的首都，在京津冀三地有着举足轻重的地位，河北地理位置优越，环绕京津两地，但京津冀三地无论政府、企业、高校还是百姓都有着根深蒂固的行政壁垒和等级观念。长期以来，北京、天津高校发展明显快于河北，北京拥有全国一半以上的优质高等教育资源及科研资源，天津高等教育发展势头也较好，而河北的高等教育发展却较为落后。在推进京津冀区域高等教育协同发展的过程中，京津两地很多知名高校不愿意在河北建立分校，高素质、高水平的高校教师也不愿意离开北京、天津这样的大城市去河北高等院校开展交流工作。由此可见，区域行政壁垒和本位主义思想严重阻碍了京津冀区域高等教育的协同发展和优势互补。

从各地政府而言，一方面，北京、天津市政府缺乏推动高校外迁的动力，因为实际上京津也面临着内部高教资源优化整合的问题。另一方面，河北各地唐山、秦皇岛、保定、石家庄等都在大力发展大学城，也存在相互竞争的关系，这导致京津冀的高校疏解也很难产生聚集效应。

（三）高校

京津冀地区，尤其是北京和天津市高校比较密集的区域，然而京津冀高校受计划经济影响较大，多所高校在自身办学定位时忽视为区域发展服务的办学理念，人才培养模式无法与区域发展水平、速度和规模相契合，难以满足区域发展对各种类型人才的需求，在产业结构升级中没能充分发挥人才的支撑作用。

在京津冀协同发展过程中，一方面一些高校专业设置、课程设置趋于相同，存在竞争关系，所以很难协同发展。另一方面，一些高校疏解缺乏整体规划，协同发展的难以产生规模效应。最后，学生毕业后大多选择留在"机会较多"的特大城市就业，不但造成了特大城市的"人口滞纳"，还导致了区域优势产业发展缓慢、区域发展失衡的恶性循环。

（四）企业成为高等教育协同直接的利益相关者

区域经济协同发展的根本动力是市场机制的推动力，京津冀协同发展的要真正形成经济一体化离不开产业协同和企业的参与。产业发展及人才的匹配是京津冀协同发展的根本要求。企业可持续发展、获得利润最大化，同样需要院校提供强有力的人才与智力支撑，企业也会主动寻求与高等教育机构在人才培养、产品研发、科技成果转化等方面的合作。目前，京津冀高等教育协同发展中企业的作用并不明显，或者说京津冀高等教育还没有形成校企合作和产教结合的机制。

（五）社会行业组织

长期以来，京津冀地区形成了较多的行业组织，这些行业组织既有高校自身形成的,也有行业企业组成的,在产业发展中发挥了独特的作用。对于京津冀高等教育协同发展中,行业组织作为第三方,可以说是最为积极的一方,推动、参与各种形式的高等教育协同发展。但实质上,社会行业组织作为第三方,既缺乏权力,也缺乏资源,所以更多的是搭建平台,很难确保持续性,影响也是有限的。

二、相关利益主体的权力—动态矩阵和权力—收益矩阵

为了更为详细的分析根据京津冀协同发展过程中利益相关者,我们构建了可以确定利益相关者的位置有两种方法:权力—动态矩阵和权力—利益矩阵。

(一)京津冀高等教育协同的相关利益主体的权力—动态矩阵

表 6-3 列出了一个权力—动态矩阵,在这个矩阵上可以画出京津冀高等教育协同发展的各利益相关者的位置。利用这种方法可以很好地评估和分析出在新战略的发展过程中在哪儿应该引入"政治力量"。

表 6-3　京津冀高等教育协同发展利益相关者的权力—动态矩阵

		可预测性	
		高	低
权力大小	低	A 企业,社会行业组织地位较低,死心塌地	B 高校地位较低,左右摇摆
	高	C 中央政府力量强大,立场坚定	D 地方政府力量强大,容易动摇

1. C 内的利益相关者

中央政府显然是处于 C 区,力量大,且行为可以预测,推动京

津冀高等教育协同发展的立场坚定。京津冀高等教育协同发展过程中，中央政府的作用毋庸置疑，如何顶层设计统筹规划京津冀协同发展是中央政府的重要作用所在。

2. 京津冀地方政府处于 CD 之间

习近平总书记强调要着力加大对协同发展的推动，自觉打破自家"一亩三分地"的思维定式，抱成团朝着顶层设计的目标一起做。京津冀地缘相接、人缘相亲，地域一体、文化一脉，历史渊源深厚、交往半径相宜，完全能够相互融合、协同发展。当然，对于京津冀高等教育协同发展，北京重点在于疏解非核心功能，也要创建科技文化中心；天津则要支撑先进制造业等产业发展；河北则亟待补齐教育短板，做大做强高等教育。但同时，三地的层级观念和思维限制也可能会限制京津冀高等教育协同发展。

3. 高校处于 B 区间

北京市高校疏解和京津冀高等教育协同发展涉及土地、资金、发展规划等诸多问题，不仅受制于地方政府，也受制于学校自身发展。京津冀三地高校地域相近、学缘相近，在办学定位、办学目标、学科设置等方面既有相似之处，又有各自独特的优势，在京津冀协同发展这项庞大的系统工程和影响深远的重大改革中，三地高校正面临一场充满机遇和挑战的"大考"。高校要响应国家战略，扩大办学空间，实现优势互补。但不可否认，高校内部对于京津冀协同发展也存在着不同的看法。部分高校疏解的内生动力不足，高校之间对接合作缺乏必要支持等。

4. 社会组织和企业处于 A 和 B 内的利益相关者

企业和行业组织是市场经济的产物，京津冀高等教育协同发展的根本推动力就是市场的力量。但由于在校企合作、产融结合等企业的参与度不高，校企互动不强等原因。企业和行业组织在京津冀高等教育协同发展过程中并没有发挥太大的作用。

根据京津冀协同发展过程中利益相关者权力—动态性矩阵分析可以看出，京津冀高等教育协同发展中央政府立场坚定，权力巨大，但在顶层设计上仍需加大政策支持力度。地方政府权力也很大，但是左右摇摆，尤其是各地市级政府在大学园区建设、高校疏解等方面存在加大分歧，在京津冀高等教育协同发展中行动缺乏。高校为了扩大办学规模，谋求发展空间，特别是北京市高校纷纷助力京津冀高等教育协同发展，但由于高校定位、扶持政策等原因进展较慢。企业和行业组织作为京津冀高等教育协同发展的市场推动力，还没有发挥应有的作用。因此，在京津冀高等教育协同发展过程中，政府应更加明确顶层设计，充分调动企业和行业组织的作用，促进高校疏解和合作。

（二）京津冀高等教育协同的相关利益主体的权力—收益矩阵

权力—利益矩阵的一个有价值的发展，如表6-4所示，它根据利益相关者与其持有的权力大小的关系，以及从何种程度上表现出对组织战略的兴趣，对其分类，因此称其为权力—利益矩阵。这个矩阵指明了组织与利益相关者之间的不同类型。

表6-4 京津冀高等教育协同发展利益相关者的权力—利益水平矩阵

		利益水平	
高		低	
权力大小	低	A 最少的努力	B 提供信息
	高	C 保持满意	D 主要利益相关者

1. 中央政府处于C区间

对于中央政府而言，迫切希望能够疏解非核心功能，实现京津冀协同发展，打造首都经济圈，打造新的经济增长极。2014年2月，习近平总书记在京津冀协同发展工作座谈会上发表了重要讲话，为京津冀协同发展指明了前进方向。京津冀协同发展是党中央、国务院在全面深化改革的开局之年做出的重大战略决策，立意高远、影响深广。中央政府在京津冀高等教育协同发展过程中主要是政策制定者的角色，主要目的就是为京津冀协同发展提供支持。

2. 京津冀地方政府处于D区

京津冀高等教育协同发展涉及北京、天津和河北三个地方。北京是全国的政治和文化中心，因此其高等教育发展具有无可比拟的优势。京津冀高等教育的协同发展应该是平等的共赢发展，而不是有重点突出中心的发展模式。从协同发展的角度出发，京津冀高等教育应该处理好三地发展的权利分配问题，目前，国家还未从战略高度对京津冀高等教育协同发展进行统筹布局。在2009年出台的《河北省与京津两市教育行政部门洽谈就区域教育合作内容达成初步协议》《京津冀教委（厅）就地区高等教育发展达成六项合作意向》等文件中，虽对京津冀三地高等教育的合作有相关指示，但均为两地之间或者三地之间大致的合作意向或初步协议。而在已有的合作项目中政府推进的项目少，达成的一些合作协议缺乏约束力和执行力，致使中央和地方两级高等教育管理体制及严格的省级行政区划的体制性障碍很难突破。虽然京津冀的部分高校已经通过合作办学、人才培养合作等方式着手探索高等教育协同发展模式。但是，目前京津冀高等教育的跨区域合作仍然处于零散状态，未形成统一格局，合作缺乏对接点，仅有的合作中一般性交流较多（如区域内几所同类型高校形成同盟、举行相关学术论坛等），实际合作的项目少，跨省（市）间的项目更少，且合作交流水平较低、领域较窄，教育资源共享仍局限于省（市）内。

3. 高校处于 D 区

虽然在 2004 年就开始推进京津冀区域协同发展规划，但十余年来，无论政治、经济、文化等各方面的协同发展都不尽如人意。京津冀高等教育协同发展更是如此，三地高等院校迟迟没有开展协同发展的规划与定位，高等教育产学研脱钩、校企合作停留在纸面等现状比比皆是。北京高等教育的协同发展涉及部属高校与市属高校以及地方高校之间的关系，以部属高校带动市属高校和地方高校，使高校之间的合作更上一层楼。天津高校的协同发展涉及高等教育资源的整合与高校之间的合作与交流，特别是与北京和河北高校的合作问题，天津高等教育的协同发展也涉及不同类型高校之间的合作，重点涉及普通高校与职业高校以及民办院校的合作与交流。河北省高等教育应该进行顶层设计，处理好与北京、天津高校之间的关系，并要提高本省高等教育的综合实力，处理好地方高校与部属高校的合作与交流问题。同时，北京、天津一流高等院校、科研院所众多，但京津冀三地时至今日也没有建立以教育、科研为中心的区域经济支柱产业园区，高等教育在京津冀区域一体化中的科教先导作用没有形成。需要注意的是，高校迁移会造成校园文化的遗失和历史记忆的断裂，同时还可能丧失得天独厚的区位优势。此外，由于搬迁，学校职工将在户口、医疗、住房及子女入学等方面遇到新的问题，这些都必须妥善解决。

4. 企业和行业组织处于 A 区

产业发展及人才的匹配是京津冀协同发展的根本要求。企业可持续发展、获得利润最大化，同样需要院校提供强有力的人才与智力支撑，企业也会主动寻求与高等教育机构在人才培养、产品研发、科技成果转化等方面的合作。目前，京津冀高等教育协同发展中企业的作用并不明显，或者说京津冀高等教育还没有形成校企合作和产教结合的机制。

表6-5 京津冀相关利益主体权力—利益表

	权力	表现	利益	表现
中央政府	制定政策，顶层设计	京津冀协同发展规划	国家战略	京津冀协同发展
地方政府	执行政策	京津冀教育协同规划	区域发展	合作项目
高校	直接参与	建分校	扩大规模	比如秦皇岛大学城
企业	直接参与	不明显	技术转化和人才	不明显
协会	直接参与	搭建平台	提高行业话语	不明显

综上，京津冀高等教育协同发展过程中中央政府、地方政府的权力、利益表现都很明确，而且都得到了有效的表达。高校作为行动者权利和收益也都得到了体现。而作为主要需求者的企业权力和利益表现都不明显。

三、京津冀高等教育协同发展的相关利益主体互动研究

政府、高校、社会组织中的实际工作者也有着理性"经济人"的个体利益诉求，有可能伴随着个体客观发展与角色转换影响其利益诉求。在京津冀高等教育协同发展中中央政府是重要推动力和策源地，要做顶层设计和政策督导。京津冀高等教育协同发展首先是一项国家战略，因此，中央政府是重要推动者，党和国家领导人习近平、李克强等多次强调推动京津冀协同发展。2015年，中央政治局通过《京津冀协同发展规划纲要》，《"十三五"时期京津冀国民经济和社会发展规划》于2016年发布实施，京津冀交通、生态、产业等12个专项规划和一系列政策意见相继出台。2017年制定了京津冀教育协同发展"十三五"专项工作计划。

地方政府要贯彻中央决定，促进各地经济社会发展。对于京津冀协作，一直以来河北积极性较高，北京、天津积极性相对较低，而如今，京津越发迫切需要加强区域协作，疏解城市功能。教育医疗是北京疏解非核心功能的重要内容。河北是京津冀高等教育协同发展当中的积极推动者，北京、天津也有自己的顾虑，会优先向郊区疏解。疏解也缺乏标准，没有与当地的产业发展结合起来。京津冀三地教育与人力资源开发的水平不相当，是三地教育协同发展面临的现实难题。对于三地教育的协同发展而言，其不仅面临着跨地区、跨部门、跨领域的复杂的利益相关体，而且面临着或浓或淡的地方保护色彩。例如：在高等教育协同中，除了京津冀三地政府主体外，还包括其他14个部委主管部门，共计17个办学主体。在这种多元化的主体构成中，不仅区域教育协同面临着复杂的利益分配问题，而且在地方保护主义的干预下，也很难形成利益的结合点。

高校和企业直接参与者，目前，更多是高校，但实际上高校面临着各种压力，一方面要扩大办学空间，另一方面一些优秀的教育资源难以扩散到河北地区。与此同时，"缺乏整体谋划和对各高校的统筹指导，落实合作协议不够有力，协议和行业、企业、产业的结合度还比较低，难以发挥教育的基础作用等，都是接下来亟待解决的问题。对于高校而言，教育功能的疏解不是孤立运作的，而是需要依赖于土地、财政、人事、办学、管理等一系列配套政策的引导与支撑，需要依托于招生、教学、培训、就业合作等一系列配套制度与机制的协助与保障。然而在现阶段，上述绝大多数政策规范都还没有建立起来，各级各类教育的区域协同还存在诸多体制机制障碍，为迁移人口提供的教育、生活配套设施与服务还极不完善。这些不足都深刻地制约着教育功能疏解的水平与效率，还有就是教育的发展环境，还有是自身利益的束缚，教师、学生疏解的意愿，离开北京之后是否仍会获得更大的财政支持等等。利益博弈的复杂性。教育的疏解需要建立在协同发展的基础上，这种协同既可以体现为校校、校企之间的主体协同，也可以体现为人才与土地之间的资源协同（如北京本科高校外迁到河北，需要获得后者相应土地的使用权等）。

企业是一个较为容易忽视的力量，一方面企业参与京津冀协同发展，纪要转型升级，也需要大量的人才，可以作为主要推动力量；另一方面，产教分割导致企业和高校的难以真正的合作。行业组织是第三方，初期的平台搭建很重要，可以通过参与京津冀协同发展扩展发展空间。

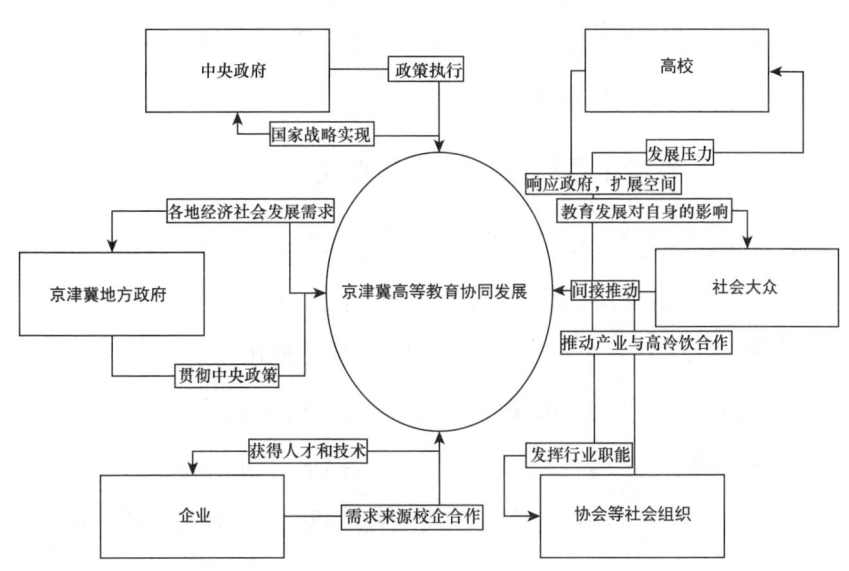

图6-1 京津冀高等教育协同发展利益相关者互动图

四、构建京津冀高等教育与产业协同可持续发展机制研究

利益相关者是一个范围广泛、成分复杂、性质各异的群体，各

自拥有不同的角色立场、价值取向、问题选择和工作风格。利益相关者对各自利益的诉求既会引发冲突和矛盾，也可能通过充分表达和有效整合形成制度变迁的动力。京津冀高等教育协同发展中央政府立场坚定，权力巨大，但在顶层设计上仍需加大政策支持力度。地方政府权力也很大，但是左右摇摆，尤其是各地市级政府在大学园区建设、高校疏解等方面存在加大分歧，在京津冀高等教育协同发展中行动缺乏。高校为了扩大办学规模，谋求发展空间，特别是北京市高校纷纷助力京津冀高等教育协同发展，但由于高校定位、扶持政策等原因进展较慢。企业和行业组织作为京津冀高等教育协同发展的市场推动力，还没有发挥应有的作用。因此，在京津冀高等教育协同发展过程中，政府应更加明确顶层设计，充分调动企业和行业组织的作用，促进高校疏解和合作。

（一）政府要强化顶层设计，明确功能定位

京津冀高等教育协同发展中政府的权力最为强大，作用也最为明显，因此需要强化顶层设计，明确功能定位。京津冀不仅要协调中央政府和省级政府之间的关系，也要协调地市级政府之间的关系。出台京津冀高等教育协同发展的细化政策，在高校疏解、大学园区等方面作出统一部署。建立高等教育协同发展示范区，选择雄安、曹妃甸、秦皇岛等地建立高教示范园区，促进高等教育集约化发展。

（二）打造区域教育链和产业链对接机制

产业链与教育链互动下优化北京市职业教育资源配置。在政、行（行业）、企、校、研各方力量积极参与下，搭建京津冀现代职业教育协同发展平台，创建更多品牌。围绕北京市职业教育在社会经济发展和产业转型升级时期如何适应和调整，建立各个职业院校

的专业优势和京津冀产业链优势匹配机制。努力发展精品化、国际化、高端化职业教育,推动人才培养方案与产业人才需求标准相衔接、人才培养链和产业链相融合。根据京津冀功能定位、产业链分工和优势,结合各个高校的专业优势等建立基于产业链的高等教育协同发展模式。通过博弈理论分析,围绕各地优势产业链建立包括产业链技术联盟、产业链园区、产业链研究院等。最终形成高校协同发展和区域一体化发展双赢的机制。

(三) 增加协同发展红利,搭建利益协调平台

京津冀高等教育协同发展是各利益相关者利益格局不断调整的过程。首先,要增加协同发展的红利,特别是调动企业参与京津冀高等教育协同发展的积极性,通过产教结合带来利益增值。其次,要调动高校的积极性,不仅仅以眼前利益、局部利益作为均衡各方得失的依据,要超越具体利益,避免因为政治、经济的短期利益而被"工具化",通过充分展现人性和生命特质、建立多方理性沟通机制,完善内部利益协调机制、搭建外部利益均衡机制,在利益均衡点上找到高等教育产品供给与高等教育机会供给两方面矛盾化解的路径:从科层统治到多方合作制衡,建立利益协调平台。一定意义上,高等教育供给牵制和影响着众多利益相关者,其供给制度创新也必然受到利益相关者的关注与参与,只有充分尊重和考虑各利益相关者的利益,实现利益主体之间某种相对的平衡,制度创新才能稳步有效地推进和实施。

(四) 建立京津冀高等教育协同发展的评价机制

目前,京津冀高等教育协同发展进展较快,但还缺乏对于结果的评估。可以充分发挥第三方行业组组的作用,建立京津冀高等教育协同发展的评价机制。通过动态监测不同区域、不同高校、校企

之间的协同发展情况,给予客观的评价。一方面可以督促各方落实京津冀协同发展的行动方案;另一方面也能对合作情况进行评估,找出问题和不足,并不断完善京津冀高等教育的顶层设计方案。

第七章　京津冀高等教育与产业协同发展的主要模式

京津冀教育协同发展是京津冀一体化的重要组成部分，要最终建立起与京津冀总体功能定位相适应、具有国际竞争力的现代化教育体系，这场存量的改革，依然任重道远。在京津冀协同发展的大背景下，京津冀高等教育积极探索发展模式，推进协同发展，取得了一定成果。

一、"疏解+提质"模式

京津冀教育协同发展是京津冀协同发展战略的重要组成部分。京津冀三地的基础教育资源存在严重的配置不均衡，布局不合理，层次结构不协调，人才数量差异显等问题，河北省的教育水平总体落后于京津两地，做到协同发展的第一要义即实现教育资源的合理配置。京津冀教育协同发展的大背景下，首都优质的教育资源充分发挥作用，是实现京津冀地区教育质量发展的重要前提。"疏解+提质"这一新模式，本质就是疏解优化首都高校的相关专业与地理位置的布局，提升京津冀地区整体的教育水平，保障国家社会发展所需人才的稳定供给。同时，首都教育资源的有效疏解更是深层次的实现其自身发展的有力举措。该模式的有效实施，既是京津冀教育协同发展战略的最终目标，也是首都非核心共功能疏解的理想结果。

北京市教育系统积极推动首都教育功能疏解和京津冀教育协同发展工作，将疏解与发展结合、与实际结合，扎实推进一场新的变革与质量提升，创造出"疏解+提质"的新模式。北京城市学院、北京工商大学、北京建筑大学2015年率先向郊区疏解6600人。其中，北京城市学院将位于顺义杨镇职教园区的原现代职业技术学院、顺义一职、汽职三所学校并入，成为首个涵盖中职、高职、本科、硕士贯通式教育院校，为打造京津冀首个应用科技大学奠定基。此外，发挥首都教育资源优势，推动建立健全区域教育合作机制，引导教育资源优化布局，加强在高等教育、职业教育和基础教育领域的合作。北京市与河北省教育厅签订《京冀教育协同发展对话与协作机制框架协议》，与石家庄市签署《教育合作框架协议》，启动北京—唐山优质教育资源合作项目。

疏解+提升的模式既是北京市疏解非核心功能的必然要求，也是京津冀高等教育资源优化配置的必然要求。该模式的前提是要依据京津冀三地的产业链优势，依据产业链的分工聚集区来疏解高校，通过融入产业链来提升高等教育的发展水平。

二、高校产业链联盟模式

所谓联盟，管理学界是指两个或两个以上的伙伴在互相承诺和信任的基础上为实现资源共享、优势互补等战略目标而进行的合作。高校联盟则是若干所各有特色的高校，以提高办学质量、培养高素质创新人才，提升高校竞争力为共同目标，本着"以生为本，开放建设、机制创新、合作共享、互惠互利、共同发展"的原则，以共享互融，文、理、工、医、艺等多学科互补为优势，以联合改革人才培养模式，共建创新人才培养机制为突破口，同时建立一套完整的与之相适应的运行管理机制。高校联盟是一种风险共担、要素双向或多向流动的松散型网络组织，具有边界的模糊性。联盟成员之间没有明确的边界和层级，高校之间仅以一定的契约联结起来，打破了传统高校管理行为的地域界限，对教育资源进行优化配置，变外部竞争为内部协调，产生一种"你中有我，我中有你"的战略联盟竞争局面。

高校联盟作为一种新兴的教学管理模式，在世界各地的高校之间已经有了非常广泛的应用，取得了良好的成效。高校联盟最早出现在美国，同时也被美国的各大高校完美应用。美国的高校通过这种联盟的形式，在高等教育大众化的进程中很好的保护了高校中的精英教育，使得普通高校的生存与发展也得到了保障，由此可见，高校联盟的形式为美国教育事业的发展做出了巨大的贡献。21世纪的中国高等教育的大众化进程相比较美国的情况更为复杂。为实现教育的大众化，社会发展对于高素质、高质量、高技术的综合性人才的需求，高大高校扩大招生，这样的情况造成了生源竞争激烈、教育经费短缺等一系列的生存性发展问题，中国的教育事业面临着巨大的挑战。借鉴美国高校联盟成功经验，成为了中国教育发展的保障。中国政府开始主导组织各大高校之间的合作、合并，加强各大高校之间的合作意识，发展合作形式的的多样化，出台支持联盟发展的相关政策，推动保障高等教育大众化发展的进程。传统教育模式下的"单兵作战"转化为"军团作战"，借助联盟的优势资源，弥补自身的短板，成为了当前高等教育发展的必要前提。

京津冀三地地理位置独特，协调方便，信息沟通成本、资源共享成本低的特点使得高校联盟变得更加容易，高等教育的全面发展更加切实可行。三地政府、相关部门的大力合作，该区域的高校联盟已经为高等教育的发展带来了显著的成果。

2015年6月,北京工业大学、天津工业大学、河北工业大学三校联合正式成立"京津冀协同创新联盟",通过师资共享、联合培养、智库建设、产学研合作等方式开展深度合作。同时,成立"京津冀交通协同创新中心""京津冀环境污染控制协同创新中心""京津冀智能装备技术与系统协同创新中心",共同打造"国家急需、世界一流"的协同创新体系。

2015年7月,北京建筑大学、天津城建大学、河北建筑工程学院合作成立京津冀建筑类高校协同创新联盟,在人才培养、科技研发与成果转化、学科发展与人才队伍建设以及智库建设等方面进行深度合作。

2015年9月17日,由北京大学牵头,南开大学、清华大学、河北经贸大学和首都经济贸易大学联合成立的"京津冀协同发展联合创新中心"在北京大学举行揭牌仪式。中心将主要围绕世界级城市群、创新驱动区域发展、区域协同发展与全球化发展、区域生态文明建设、区域治理现代化等重大理论和实践问题开展深入系统研究,为京津冀协同发展重大决策提供科学支持。

2015年12月20日,京津冀34所高校新媒体论坛在河北工业大学举行,并成立京津冀高校新媒体联盟。

2016年4月6日,首都医科大学、北京协和医学院、天津医科大学和河北医科大学4所高校在京签订战略合作框架协议,将共享科研等资源,在学科建设、人才培养、科研项目、干部挂职锻炼等方面展开长期合作。

截至2016年底,京津冀三地高校先后组建了9个创新发展联盟,包括由北京工业大学、天津工业大学、河北工业大学组建的京津冀协同创新联盟,由北京建筑大学、天津城建大学、河北建筑工程学院组建的京津冀建筑类高校协同创新联盟,由北京工业大学、天津美术学院、河北师范大学等11所高校组建的京津冀纺织服装产业协同创新高校联盟，由北京农学院、天津农学院、河北农业大学等9所高校组建京津冀农林高校协同创新联盟，由北京电影学院、天津科技大学、河北经贸大学等34所高校组建的京津冀高校新媒体联盟，由天津科技大学与北京工商大学、河北科技大学组建的京津冀轻工类高校协同创新联盟，由首都医科大学、北京协和医学院、天津医科大学和河北医科大学组建的京津冀医科大学发展联盟，由天津师范大学、北京师范大学、河北师范大学组建的高等师范院校教师职业协同发展联盟，由天津财经大学、北京大学、中国人民大学等高校组建的信用教育联盟。京津冀高校创新发展联盟的建成，为相关高校在师资共享、教育教学、联合培养、智库建设、产学研合作等多方面开展深层次交流合作创造了良好条件。三地间实施了京津冀高校校长、管理干部、教师异地挂职交流计划。河北省与北京市互派8名教师到对方高校挂职。河北省派出12名优秀中层干部到天津市属高校挂职。天津外国语大学与北京大学、北京外国语大学等校建立了定期访学和学术交流机制。天津医科大学、天津工业大学等10余所高校先后派遣100余名教师到北京大学、清华大学等访学。

高校联盟模式是产业链与高等教育合作的重要模式，建立在产业链发展基础上的高校联盟就有了可持续发展的动力。

三、校企合作模式

为企业的发展，高等教育的改良起到了一定的推动作用。校企合作，本质上是高校与企业之间建立的一种合作关系，为社会培养综合性、应用性的精英，提高了高校的核心竞争力，为高校更好的为国家、社会、大众服务奠定了坚实的基础。高校通过系统的理论知识的教学，帮助学生初步认识专业技术知识的基础，而企业可以为学生提供深入学习实践技术的平台。校企合作的着重点是培养一批高质量的人才，使高校的理论知识学习能够更好的与企业实践相结合，达到良好的教学效果，是企业与高校之间互利共赢的结果，也是社会发展的必要保障。

高等教育校企合作是一种充分利用学校和企业两种不同的教育环境与教育资源，将学生的课堂学习和实际顶岗工作实践有机结合，以全面提高学生的应用能力和就业能力，提升学生的综合素质，培养适合用人单位需要的技术型、实践型、应用型人才的教育模式。通过该模式提升高等教育的质量，调整产业经济的结构，加速转变企业生存发展的可行性方式，培养企业的生产发展多样性、创新性，成为企业立足竞争激烈的市场之关键。我国高等教育校企合作进程迅速，进一步培养了企业所需的专业性人才，但是在许多方面仍存在着问题，如双方间的合作深度不够、企业的合作意愿不强、学生实习实训的专业相关度不高等问题。同时政府及有关部门对于校企合作的支持力度也有待加强、管理体制有待改进、法律规范有待完善、企业与院校之间的合作意识有待加强，这些因素在很大程度上影响着校企合作的作用效果。

校企合作适应了市场与社会的需求，具有重要的价值与意义。高校通过校企合作中企业的反馈信息，有针对性的做出人才培养方案的调整，做到进一步的为社会培养人才。企业通过校企合作了解各大高校人才培养状况，为企业日后发展中所需人才的招聘工作奠定基础。

京津冀区域通过校企合作实现互惠双赢，通过高校与企业的信息共享、资源共享，高校可以利用企业的资源和设备，企业也有了培养人才的场所，实现理论与实践的有机结合，让高校的师资力量与企业的设备、技术实现优势互补、共求发展，既能节约成本、优化资源，又能促进京津冀区域共同发展。京津冀区域的校企合作迎合了当前社会的需求,并能更好地实现高校与市场接轨,更好地理论联系实际,激发高校的生命力,促进京津冀高校教育的发展。

2014年7月26日,北京大学政府管理学院与天津市东丽区华明街道举办签约仪式,合作建立学生社会实践基地,华明镇的实践应用优势与北大师生的知识理论优势充分结合,既有利于华明镇的进一步发展与建设,又让北大政管学子得到能力的锻炼与提升。

2014年8月,现代服务业产教对接会在天津市中德职业技术学院召开,来自京津冀三地的22家企业和26家职业院校达成"天津共识",建立全面战略合作伙伴关系。

2014年8月9日,中国环境科学研究院、中国食品药品检定研究院、中国林业科学研究院、中国水产科学研究院等13家国家级院所与天津药物研究院、天津海林园艺环保科技工程有限公司、天津立达海水资源开发有限公司等19家企业和科研院所签订了技术合作协议。

2014年12月12日,由石家庄市政府发起和组织的石家庄京津冀产学研联盟成立大会在省会召开,242家知名高校、科研院所、金融机构和重点工商企业成为首批联盟会员。

2015年6月28日,在北京高科大学联盟与秦皇岛市政产学研对接会上,双方签署多项合作框架协议,成立大学联盟北戴河新区科研成果转化基地,展开全面对接合作。大学联盟还与河北金茂集团签订了产学研用战略合作协议,北京邮电大学与北戴河新区签订了智慧城市建设框架协议。

2015年7月15日,张家口市崇礼县人民政府与北京联合大学旅游学院签署了旅游教育战略合作框架协议。

2016年2月,京津冀三地共同组建"京津冀职业教育协同发展研究中心",旨在成为京津冀三地职业教育理论研究高地。

2016年3月16日,尚义职教中心与北京中企润林教育集团隆重举行高铁专业联合办学签约仪式，实现学校、企业、社会三位一体的有机结合。

早在2008年，北京交通大学走出北京，到河北沧州黄骅港打造海滨学院。

四、产业链智库平台模式

据上海社会科学院智库研究中心2014年2月发布的《2013年中国智库报告》定义，智库主要是指：以公共政策为研究对象，以影响政府决策为研究目标，以公共利益为研究导向，以社会责任为研究准则的专业研究机构智库内涵丰富导致其概念的模糊性。近年来，中国经济不断发展、国际地位日益提升、国际影响力逐步加强，全面深化改革成为国家社会发展的重大战略目标，在"完善和发展中国特色社会主义制度，推进国家治理体系和治理能力现代化"的大背景下，智库的重要性变得日趋显著。智库的作用体现在政治、经济、文化等多个方面，为社会发展、社会服务、公共外交、舆论引导、理论创新发挥着重要的作用。政府的政策报告中也明确指明了要加强我国新型智库的建设工作，建立健全决策咨询制度，抓住时机深化改革。

首都北京聚集着众多有影响力的智库，对于津冀两地智库的建立优势明显。智库模式是京津冀高校与产业链融合发展的较为有效的一种方式。京津冀区域智库的建设与区域经济的发展密切相关。习近平总书记对于加强智库的创新发展做出了重要批示，对高校智库的建设提出了新的要求。要全面的加强完善京津冀三地智库的建设工作，同时使其具有高效性、创新性、实用性。关于京津冀智库联盟的建设工作，在两方面加以探索研究：首先是面向社会，建立专业性，以学科为基础，涵盖多种学科的综合性智库，并运用不同形式将智库"载体化",恰当的应用在不同的领域,达到专业的效果,促进产业经济发展,结构升级。其次是面向各大高校,在人才培养、科学研究、文化传承等方面充分发挥智库的作用,达到资源的最大利用率。

目前,京津冀区域已经组织建成了多出具有很大影响力的高校智库联盟,为高等教育的发展以及社会产业经济的提升积攒着力量。

2015年6月27日,天津财经大学与国家发改委国际合作中心在京举行"国合天财发展战略研究院"成立仪式暨"中国国际经济与区域规划协同创新中心"共建协议签约仪式,为开展"部校合作"进行了积极的探索。

2016年1月6日,由中国社会科学院主办,中国社会科学院工业经济研究所承办的"第四届中国工业发展论坛"在河北省保定市举行,同期揭牌成立中国社会科学院京津冀协同发展智库,为京津冀三地的社会科学人才资源发挥更大作用搭建了平台。

五、分校或独立学院模式

分校与独立院校都是我国高等教育大众化发展的产物,也是我国高等教育体制改革的产物。两种办学形式充分利用高校与社会的合作,利用社会资金办学的举措,其中包涵着不同类型的办学模式,是高等教育发展进程中的创新。

独立院校是一种新型大学,诞生于高校扩招、民办学校兴起的高等教育发展过程中,指的是由普通本科高校按照新的机制、新模式举办的本科层次的二级学院,是一种高等教育大众化现代化发展过程中的创新举措、办学机制的探索与改革。在我国的民办高校中,大部分高校难以拥有本科的教学实力、教育资源等方面的支撑,都属于大专学历教育,导致了区域性的教育等级倾斜问题,难以适应社会经济发展的需求，本专科结构失衡。从社会日益发展与人民群众增长的需求来看，本科及以上高等教育的发展急需加强，应对这种情况，"名校办民校"的独立学院随之诞生。其中包括民有民营、国有民营、共有民营、混有民营四种主要的办学模式。独立学院具有独立的校园和基本的办学设施，实施相对独立的教学组织和管理，独立进行招生，独立颁发学历学位证书，独立进行财务核算，具有独立法人资格，即基本相当于一个独立的学校。

分校，大多是与"本校"在教学管理方面相独立的办学机构。根据形成过程来进行划分，"分校"一共可以分为三类。第一类 大学合并潮的产物，产生于"大学合并潮"并隶属于"本校"，实际上基本保持独立运行的"分校"。本世纪初的大学合并，主要是将专业性较强的大学向有实力的综合性大学合并，进行合并的学校在合并前地理位置并不重叠或临近，合并后就转化为了实际上的"类分校区"。一些院校经过资源重组往往会把相近的专业放在一个"分部"，此类合并学校的"分校"一般独立性较强，实际上相当于"只是换了块牌子"。比如在2000年，北京医科大学与北京大学进行了合并，前者如今成为了北京大学医学部。第二类是与地方政府合作开办，由学校本部与地方政府合作开办，隶属于"本校"却基本独立运行的"分校"。第三类是高校与民间资本合作开办，由学校本部与民间资本合作开办、完全独立自主运行的"独立学院"。独立学院具有独立的校园和基本的办学设施，实施相对独立的教学组织和管理，独立进行招生，独立颁发学历学位证书，独立进行财务核算，具有独立法人资格，即基本相当于一个独立的学校。

北京工业大学通州分校是通州区政府和北京工业大学联合创办的大学分校。自创建以来，学校坚持"团结、勤奋、严谨、创新"的校风，以"为首都经济建设服务，注重人才的培养，规模不断扩大，在软硬件方面为莘莘学子创造良好条件"。为适应社会经济发展的需要，培养基层技术应用型人才，学校坚持学生基本素质的培养。注重学生在知识、能力、实践等各方面的发展，强调基础学科知识的理解与掌握。2014年10月4日北京化工大学与河北秦皇岛市政府签署战略协议书，北京化工大学秦皇岛校区将落户北戴河新区，预计2017年开始招生。以秦皇岛北戴河新区为代表的滨海大学城，已积极承接北京教育产业转移。

六、高等教育综合改革试验区模式

随着信息化的高度发育，形成优质资源共享，将共同推动京津冀三地协同发展。京津冀教育协同发展就是要紧紧围绕实现京津冀协同发展国家重大战略确立的目标任务，通过优化教育资源布局，推动公共教育服务均衡化，实现教育优势互补，整体提升京津冀地区的教育现代化水平和影响力，促进本地区经济转型升级和社会和谐进步，为建设具有较强竞争力的世界级城市群奠定教育基础。

2015年5月7日，京津冀三方教育学会在天津滨海新区签署协议，共同创建京津冀协同发展教育学会共同体。京津冀高等教育协同要在全国规划制定的基础上，制定行动方案。方案要具体到每所学校应如何做。雄安是新设立的产业创新基地、教育创新基地、人才培养高地。在雄安新区背景下，京津冀高等教协同要将雄安新区发展、整个京津冀协同发展、河北高等教育发展，这几个目标结合起来统筹考量。在京津冀地区，特别是在雄安新区，建立与新城相匹配的现代化教育，要坚持"创新、协调、绿色、开放、共享"的发展理念，采取系统设计、协同发展、服务人民和科学事实的基本思路，真正把战略机遇转化为未来城市发展的战略资源和战略优势。

建设以实验园区为载体的京津冀高等职业教育集中承载区。在天津设立京津冀理工类高等职业教育园区，三地理工类高职院校向天津集中；河北建立京津冀综合类高等职业教育园区，综合类高职院校向河北集中。以园区为单位，以专业群为核心建立分专业的京津冀职业教育基地。京津冀三地高职院校以核心专业为参照点，进驻不同园区。综合运用与调配基地内教育资源，建立不同专业的实习、实训基地，并通过政府购买服务的形式，保障基地正常运转。

建立京津冀中等职业教育协同发展的多微承载区。三省市教育主管部门引导，建立多个以县域职教中心为主体的中等职业教育协同发展区，打破部门和区域限制，消除区域间招生限制，开展跨区域招生。实施城乡中等职业教育带动计划，发挥城市中等职业学校在设备、师资、实习实训、就业方面的优势，通过"互联网＋教育"实现城乡职业教育资源共享。完善京津冀中等职业教育"校校合作"模式。由一个骨干校牵头，形成按照大类划分的中等职业教育联盟，联盟学校共同制订人才培养计划，统一人才培养标准、统一教材、统一学生就业渠道。

七、对口合作模式

是指一些在工作性质、内容、规模等方面存在较高的一致性，各方自愿达成一致的协议，在以后的发展过程中互利共赢、精诚合作，达到双方共同发展的最终目标。对口合作需要各方共同制定并遵循约定好的原则、规范、制度等。对口合作需要遵循的基本原则：

（1）共同目标原则：合作的各方应有着共同的发展方向，在合作过程中做到互利共赢，同时尽可能的实现各成员之间公正公平的利益分配，使得合作关系长久良好的保持，实现共同进步，共同发展，时刻保持合作才能成长、合作才能提高、合作才能共赢的理念。

（2）权责明晰原则：在合作过程中，一定要保证成员之间的权力责任的明确分配，各方的职责不能交叉、不能互换、不能存在模糊不清的职责界定，只有这样，整体才能高效的运转。在发展过程中，成员间还要做到互相监督，强化自身的责任意识，只有各成员尽职尽责，不以自身利益为重，对口合作才能健康的持续下去。

（3）相互信任原则：对口合作是建立在各方相互信任、平等相待的基础上。各成员之间须在合作过程中保持共同的合作意愿、合作目标。

（4）资源共享原则：合作过程中的资源信息应做到公开透明，各成员都能够清楚整体的利润分配、资金动向、团队发展情况等，以便在以后的合作中做到有据可依。同时各方之间的资源可以统一起来，成员之间可以资源共享，有利于各方取长补短，弥补自身不足。一些重要的资源可以通过有偿的形式提供给需要的成员，做好清晰明了的协议，避免发生不必要的利益矛盾。

（5）风险共担原则：合作成员间要做到风雨同舟，共同面对发展过程中所面对的困难挑战，通力合作，时刻保持整体利益观念。

京津冀三地独特的地理优势是对口合作的重要基础。三地都有着相近专业类型的高校，可以有效地进行对口合作，带动高等教育的发展，促进产业经济的提升与产业结构的转型。北京地区的高校在教学设施、师资力量、资金投入上都有着绝对的优势，可以对相对于比较落后的河北省实施对口帮扶，通过资源共享，教学理念、方式、设施的帮助促进河北地区高等教育的发展。北京地区的优势专业学科可以通过发达的网络设施帮自身多年积累的教学经验、成果分享给天津、北京两地学科不足的院校，促进两地学科的综合性发展。

河北省大面积的土地资源也是首都北京产业变革的有利条件，通过建立分厂以及整体搬迁的形式，疏解首都压力的同时带动河北省经济的发展。天津市依靠独特的港口优势，可以为北京、河北两地的物流业发展提供巨大的帮助。

北京、天津提供优秀的教育资源，在河北建立联合办学校区，以3至6年为一期，共享优质的教育资源。具体可以采用"办分校""托管""帮扶""手拉手"等形式。在联合办学的各个校区中要做到"三统一"，即统一教材（包括练习册等教辅资料）、统一课程进度、统一考试。在授课过程中，可以采用"慕课"形式把优质的教育课程同步直播，在联合办学的校区进行推广，从而达到合理配置教育资源，让更优秀的教育资源惠及三地学生，发挥最大的教育效益。2015年，河北工业大学与清华大学及最大的中文MOOC合作，搭建了河工大的SPOC平台，引入了41门精品在线课程。清华大学学堂在线主站为河工大开放了11门课程，引进了201门超星尔雅网络课程，丰富了河工大校公选课的课程资源。建立京津冀职业教育协同招生机制。根据三地功能定位和产业结构，确定京津冀职业教育阶段招生总数和各地招生数量、招生专业。天津、河北专接本考试对北京开放。北京考生可自主选择参与天津和河北的专接本考试，拓宽北京职业教育学生发展空间。推广京津冀中等职业教育"2+1"教育模式。按照生源所在地接受理论学习2年、工作地实习实训1年的方式，设计学生课程，完成人才培养计划，增强中职学生的岗位和环境适应力。建立京津冀学分共享和转化机制。三地教育主管部门和学校基于学生课程的学习结果和相关工作量，确定学分转换标准。

八、主管部门协调模式

京津冀三地的高等教育发展依托于相关部门的协调合作，以北京市优越的教育教学资源为基础，向津冀两起到辐射发散的作用，带动两地的教育事业发展。教育部门之间建立信息管理系统，在信息资源方面实现资源的共享，优秀的教育形式、教育资源得以充分的利用，同时定期召开交流会议，总结在发展过程中存在的问题，探讨解决方案，对于有利于发展的方案措施加以支持，使其健康持续发展。

2016年10月26日，由北京教育科学研究院职业教育与成人教育教学研究中心、天津市教育委员会职业技术教育中心、河北省职业技术教育研究所共同承办的京津冀职业教育教学协同发展联盟成立大会暨京津冀职业教育教学协同发展北京论坛在北京召开。会议的主题为"协同 创新 共赢"，旨在积极响应京津冀教育协同发展战略，认真落实全国职业教育工作会议精神，进一步加强京津冀职业教育各界的合作与交流，整合三地优质职业教育资源，更好地发挥职业教育教研机构服务京津冀经济社会发展的功能，促进和带动京津冀城市群中各区域职业教育教学改革与发展，从而全面提升职业院校的人才培养质量和内涵建设水平。参加本次会议的成员有京津冀三地的职业教育主管部门、教研机构、中职和高职院校以及相关行业、企业的代表300余人，就京津冀高等教育与产业链协同发展问题进行了深入的探讨。

2014年7月12日，在天津市召开"京津冀高校国家重点实验室创新驱动区域发展座谈会"，来自三地的部分高校校长、院士出席会议。

2015年6月26日，首都师范大学首都教育发展协同创新中心携手京津冀三地高校、科研机构、中小学校和政府部门共计150余人首都师范大学召开"京津冀教育协同发展"高峰论坛，并达成六方面的共识。

2015年5月19日，在廊坊市举办由河北省政府主办，河北省人力资源和社会保障厅承办的作为"中国廊坊国际经济贸易洽谈会"的"京津冀招才引智大会"。

2015年10月28日，举行作为北京工业大学建校55周年系列活动之一的"京津冀协同发展框架下的高等教育暨大学校长高峰论坛"。

九、国内外合作办学模式

自 2003 年至今,中外合作办学实施已有 15 年的历史。我国鼓励引进外国优质教育资源的中外合作办学,是为了加强对外交流与合作,促进教育事业的发展。教育部官网将中外合作办学定义为:中国教育机构与外国教育机构,依法在中国境内合作举办以中国公民为主要招生对象的教育教学活动。简而言之,中外合作办学就是中方院校和外方院校,针对某一教学项目合作开设的教学活动。在高等教育的发展历程中,国际上许多国家有着自身独特办学理念、办学形式,达到了高效的办学效果,而中国的大部分院校很难与之匹敌,借鉴外国成功的经验发展自身是一个不错的选择。

京津冀地区高等教育资源丰富,北京聚集着中国大部分的高端学府,强大的教学设施基础、优质的师资力量。可以借助京津冀协同发展的机遇,借助国外大学的办学经验,促进京津冀高等院校和产业链协同发展。

作为全国高等教育的"高地",北京汇集了国内众多一流学科专业的"塔尖",然而当前在与国际一流大学的竞争中,名校们也正处于奋力赶超的关键期。该地在发展高等教育中外合作办学方面也呈现出独具特色的发展举措。按照"有所为,有所不为"的办学理念,北京利用自身的"高端"优势,注重打造高层次国际化人才培养的高地。

十、产业链研究基地模式

京津冀协同发展规划纲要,明确提出了京津冀三地的功能定位和产业分工,《关于加强京津冀产业转移承接重点平台建设的意见》中初步明确了京津冀"2+4+46"个平台,具体包括北京城市副中心和河北雄安新区两个集中承载地,曹妃甸协同发展示范区、北京新机场临空经济区、天津滨海新区、张承生态功能区四大战略合作功能区以及46个专业化、特色化承接平台。京津冀高等院校要根据自身的学科优势和专业特色,紧紧围绕京津冀全产业链合作,加强同京津冀"2+4+46"个平台合作,建设研究基地模式,推动全产业链发展。

第八章 京津冀农业高等教育与农业产业链协同发展研究

京津冀协同发展是一项重大的国家战略，而农业是经济发展和社会稳定的基础，现代农业协同发展更是重要的支撑。在当前的时代背景下，北京、天津由于发展迅速，农产品需求量大，两市的科技、人才和资金要素密集，而相邻的河北的土地、劳动力和生态资源则相对较为丰富。基于这些原因，三地农业协同发展兼具禀赋基础和互补优势。京津冀现代农业对接合作有一定的成效，但由于三地定位不同、各自利益的驱使等原因，三地在协作意识、资金融通、政策统筹、资源分配等方面还存在许多不协调的情况。因此，在京津冀产业一体化的过程中，产业链分工是非常必要的，北京、天津、河北应根据自己不同的产业基础和独特优势在不同的产业环节上重点突破。对于北京和天津来说，大规模发展农业、养殖业都不现实，但河北具有发展这类产业的优势，当地可发展农业种植、养殖的土地面积相对较广，而且大量农民具有相当丰富的经验，借助北京、天津的农业、养殖业技术研发优势和转移过来的相关企业，可带动河北形成京津冀甚至华北地区粮食蔬菜供应基地。京津冀农业高等教育是农业产业链分工合作的重要支撑，作为农业发展与创新的主体力量，农业高校必须以超前理念、开放视野、全局观念、系统思维审视创新驱动发展农业方式的新转变，整合京津冀农业高等教育资源，发挥农业科技创新和人才培育在京津冀农业协同的重要支撑。采用战略联盟、合作办学等方式开展深度合作，实现农业产业链上中下游的创新资源整合，围绕产业链部署教育链，围绕教育链完善创新链，围绕创新链，布局资金链，着力打造全产业链发展模式，提升区域协同创新的广度和深度。

一、京津冀农业产业链

2016年北京常住人口2100万人左右，还有庞大的流动人口约800万人，是生鲜产品主销区，需求量大，对食品安全、环保、品牌包装、方便快捷等要求越来越高。另外，生鲜产品主产区面临着成本和环境污染治理的双重压力。区域合作特别是京津冀一体化背景下，充分利用北京科技资源优势和消费集中优势构建从主产区的肥料、土壤改良到零售的全产业链，构建区域农业合作新模式，对于确保食品安全，构建都市型现代农产品流通体系，促进区域协调发展具有重要现实意义。

京津冀现代农业协同融合发展面临着农业污染问题严重、农业资源过度利用、京津"菜篮子""米袋子"中河北份量不大、环京津形成贫困带、京津对河北农业生态补偿不足等问题。（高钟庭等，2016）京津两个特大城市有旺盛的基本农产品、高端农产品需求、绿色农产品、多样化农产品需求、休闲需求、假日农业需求、农业体验需求等。河北是京津腹地，北方生物多样性中心，是一个全类型农业大省，河北农业现代化必须从生产指导性农业转向消费引领型农业。面向京津市场才会获得持久的竞争力。（王慧军，2016）在京津冀一体化协同发展过程，农业应该走在前面。（陈章良，2015）京津冀现代农业的经营体系是以京津的消费需求为引领，以市场需求为主导整合科研、生产、加工、销售、社会化服务等产业链的经营体系。(高钟庭等,2016)王军等(2008)根据京津冀农业的组织结构关系和要素投入整合关系,提出了龙头企业带动型、园区技术转移型、农产品物流优化型、行业协会复合协作型和生态流域补偿协作型共5种模式,完善并补充了政府论坛协商型京津冀农业协作发展模式;同时,对生态流域补偿协作型模式开展深入分析,提出了生态补偿机制是集生态服务、补偿扶贫与农业合作为一体推动京津冀农业协同发展的新途径。另外,马同斌等(2008)在研究京津冀都市圈农业合作战略中、刘玉等(2010)研究京津冀都市圈城乡复合型农业发展战略、王俊凤等(2011)在探讨京津冀区域农业协调发展思路中,对三地农业协作方向和模式均有所探索和分析。张敏等(2015)提出京津冀产业链延伸对接缺乏统筹,产业集群效应偏低,没有形成产业关联紧密的产业集群,导致当地农业难以真正融入产业链条;产业链环节优化不足,科技价值链不完善产业链缺乏主体整合,京津冀还没有普遍形成从科学研究到技术开发、成果转化,最终到技术推广及产业化的跨区域农业科技价值链;由于农产品销售、流通、加工、生产等环节分布于不同区域对目标市场的控制力也较低。据此,提出了京津冀农业区域协作的3种模式,包括产后拉动主导型模式、产前推动主导型模式、产中提升主导型模式。面对京津冀农业协同发展的情况,高校协同出现了结成战略联盟,组建研究院等协同方式。京津冀三地涉农高校协同创新,探索建立三地涉农高校人才培养、科学研究及社会服务协同创新机制,建立京津冀地区涉农高校协同创新联盟。以优势学科、特色学科为主导,通过方向互补、科技交流、资源共享等方式,在学术交流、拔尖人才培养、学位点建设上开展广泛的合作。通过科研共同体、协同创新中心、优势创新团队,提升联盟院校的科技创新能力;通过资源共享、专家信息库和智库建设,促进联盟院校在科学研究、社会服务方面的交流与合作。人才队伍建设方面将通过共建平台信息共享、互聘共享教师资源、青年教师交流培养、管理干部挂职交流、联盟高校会商沟通等举措，加强联盟院校的交流与合作。由中国农业大学牵头，联合北京农林科学院、北京农学院、天津市农业科学院、天津农学院、河北省农林科学院、河北农业大学、首农集团、大北农集团等单位，以中国农业大学涿州基地为载体，发起成立了京津冀现代农业协同创新研究院，为国家农业现代化提供技术支撑，打造"中国农业硅谷"。

京津冀农业协同发展基础好，潜力较大，农林类高校数量不多，因此合作较为容易开展，京津冀的部分高校已经通过合作办学、人才培养合作等方式着手探索高等教育协同发展模式。但是，目前京津冀农业高等教育的跨区域合作仍然处于零散状态，未形成统一格局，合作缺乏对接点，仅有的合作中一般性交流较多（如区域内几所同类型高校形成同盟、举行相关学术论坛等），实际合作的项目少，跨省（市）间的项目更少，且合作交流水平较低、领域较窄，教育资源共享仍局限于省（市）内。

二、京津冀农林院校专业分析

天津农学院始建于1976年。学校以农科为主体，农学、工学、管理学、理学、经济学、文学、艺术学协调发展。经过多年的办学实践，形成了紧贴区域经济社会发展，服务于现代都市型农业的鲜明办学特色。学校以学科建设为龙头，以提高人才培养质量为中心，大力实施"质量立校、人才强校、特色兴校、文化铸校"发展战略。2017年，获批为天津市2017—2020年博士学位授权单位立项建设高校，作物学、兽医学和水产三个一级学科为博士学位授权建设学科。学校有4个天津市级重点学科、1个天津市级重点实验室、2

个教育部特色专业建设点、1个国家级观赏植物资源开发工程实验室、1个国家级实验教学示范中心、1个国家水产品加工技术研发专业分中心——国家大宗淡水鱼加工技术研发分中心（天津）、1个国家级大学生校外实践教育基地。学校设有"天津市现代渔业技术工程中心""天津市农业生物技术研究中心""天津市花卉技术工程中心""天津中日水稻品质·食味研究中心""天津中日农村环境资源合作研究中心""天津市农产品加工科技创新与成果转化基地""天津市农业节水研究中心""天津市农副产品深加工技术工程中心"。学校以服务现代都市型农业为己任，主动适应现代都市型农业发展需求，合理调整课程体系，逐步形成了支撑现代农业发展的较为合理的专业生态群；在大众化教育背景下，学校强化"宽、适"性人才培养模式，植根津沽大地办学，坚持走产学研结合之路。

北京农学院的前身河北省通县农业学校，创建于1956年。学校现占地面积约1000亩，包括校本部、东校区、北校区、大学科技园市场。另外，学校建有千亩大学科技园农场、万亩大学科技园林场。学校先后被授予北京市花园式单位、北京市文明校园、首都文明单位标兵、全国文明单位等称号。园艺、动物医学专业为一类本科招生专业，园艺专业为国家级本科专业综合改革试点单位，园艺、动物医学、农林经济管理3个专业为国家级特色建设专业，农学、园艺、动物医学、农林经济管理、园林、食品科学与工程等6个专业为北京市级特色建设专业。学校坚持以培养具有创新精神和创业能力的复合应用型现代农林人才为目标，努力打造和完善都市型现代农业高等教育体系。学校创新构建了"3+1"人才培养模式，实施"卓越农林人才"培养计划，探索与政府、企业、科研院所、国内外农林高校联合培养人才新机制。"十二五"期间，学校创建的"都市型现代农业人才培养模式创新试验区"被批准为北京市级人才培养模式创新试验区。学校构建的都市型现代农业科技创新体系，

第八章 京津冀农业高等教育与农业产业链协同发展研究

重点解决了一批北京乃至全国都市农业、现代农业发展中的重大问题和关键技术。学校构建的都市型现代农业社会服务体系，全方位、多层次、多功能地服务政府决策、服务产业发展、服务涉农企业与新型职业农民和市民需求。

北京农业职业学院是一所有着50年办学历史的高等农业职业院校。学院始终坚持"立足京郊，面向首都，服务'三农'"的办学宗旨，突出职业教育办学两大职能，在为生产、管理、服务一线培养高素质应用型人才的同时，通过多种渠道，发挥人才、技术优势，服务京郊经济建设和社会发展。

河北北方学院坐落在素有北京"北大门"和"后花园"之称的塞外名城张家口市。集长城草原之灵蕴，得张垣文化之精髓，办学历史悠久，文化积淀深厚，是河北省西北部具有硕士学位授予权的综合性省属本科院校。其实习医院、农场、牧场、兽医院及教育实习基地236个，学校的作物栽培学与耕作学、农业经济管理、动物营养与饲料科学为河北省重点发展学科，农学专业教学团队被评为"河北省高等学校教学团队"，农学专业2009年被评为"河北省品牌特色专业"，医学信息学和马铃薯为河北省高校应用技术研发中心，马铃薯产业协同创新中心为河北省第二批"2011协同创新中心"。

中国农业大学是我国现代农业高等教育的起源地，其历史起自于1905年成立的京师大学堂农科大学。历经百年的世纪风雨，中国农业大学已经发展成为一所以农学、生命科学、农业工程和食品科学为特色和优势的研究型大学，形成了特色鲜明、优势互补的农业与生命科学、资源与环境科学、信息与计算机科学、农业工程与自动化科学、经济管理与社会科学等学科群。学校共设有16个学院，涉及农学、工学、理学、经济学、管理学、法学、文学、医学、哲学9大学科门类。中国农业大学围绕人类的营养与健康，以国家农业科技重大需求和国际学术前沿为导向，开展高水平科学研究、社会服务和文化传承与创新。在生物与农业高技术领域的研究居国内领先水平。学校加强科技成果转化与推广服务，涉及食品科学与营养工程、动物医学、动物科技、资源与环境、农学与生物技术、工学、信息与电气工程等领域的实用技术成果推广覆盖全国。科技服务重点围绕国家重大需求、区域发展和产业发展需求，立足京津冀，以顶层设计、统筹布局、引领带动的工作思路，针对国家、地方、企业等重大需求，结合该校科研、人才培养和服务社会的需求，为区域经济和社会发展提供规划设计、技术指导社会管理等综合服务提供保障，为地方经济的发展提供技术支撑；围绕地方和农民产业发展需求，面向基层农业干部、农业企业经理人、基层技术人员、农民等开展5万余人次的技能培训，为我国农林业的发展做出了巨大的贡献。

北京林业大学是教育部直属、教育部与国家林业局共建的全国重点大学。学校办学历史可追溯至1902年的京师大学堂农业科林学目。2010年获教育部和国家林业局共建支持。2011年与其他10所行业特色高校参与组建北京高科大学联盟。2012年，牵头成立中国第一个林业协同创新中心——"林木资源高效培育与利用"协同创新中心。2016年，学校"林木分子设计育种高精尖创新中心"入选北京市第二批高精尖创新中心。学校以生物学、生态学为基础，以林学、风景园林学、林业工程、农林经济管理为特色，是农、理、工、管、经、文、法、哲、教、艺等多门类协调发展的全国重点大学。学校形成了"知山知水，树木树人"的办学理念，为国家培养了10万多名高级专门人才和一批外国留学生，其中包括以14名两院院士等为代表的一大批杰出科技专家和管理人才，他们为我国林业事业和经济社会发展做出了卓越贡献。在树木抗逆分子生物学基础以及抗逆植物材料的选育与栽培技术，花卉新品种选育、栽培与

第八章 京津冀农业高等教育与农业产业链协同发展研究

应用,林木新品种选育与产业化开发,林业生态工程建设综合技术,森林生物质资源保护与利用等方面形成了优势、特色研究领域。以三倍体毛白杨、四倍体刺槐、名优花卉、地被植物等优良品种,林产精细化工为龙头的高新技术产业体系正巩固发展。毛白杨产业受到朱镕基同志和温家宝同志等国家领导人的重视和关怀,对三倍体毛白杨科研、推广示范等工作做了重要批示,并给予专项拨款。

河北农业大学始创于1902年,是我国最早实施高等农业教育的院校,河北省建立最早的高等院校,先后经历了直隶农务学堂、直隶高等农业学堂、河北省立农学院、河北农业大学等历史时期。办学之初,学校就提出了"农业教育非实习不能得真谛,非试验不能探精微,实习试验二者不可偏废"的办学理念。115年来,积淀形成了"崇德、务实、求是"的校训,开创了享誉全国的"太行山道路",凝结成"艰苦奋斗、甘于奉献、求真务实、爱国为民"的"太行山精神",受到党和国家的肯定与表彰,被教育部树立为高校战线的一面旗帜。学校是河北省人民政府与教育部、农业部、国家林业局分别共建的河北省重点骨干大学,国家首批创新创业教育改革示范院校,全国第二批双创示范基地,教育部"卓越工程师教育培养计划"实施高校,教育部、农业部、国家林业局首批"卓越农林人才教育培养计划"实施高校,首批入选"中西部高校基础能力建设工程"的高校。新时期的河北农业大学,将紧紧抓住国家"双一流"建设的有利时机,立足京津冀,对接雄安新区,深化拓展"太行山道路",弘扬"太行山精神",按照学校新的规划目标和战略思路,奋力建设特色鲜明的高水平大学,努力为决战决胜全面小康、加快建设经济强省、美丽河北做出新的更大贡献。

北京第一产业的功能定位为"推进都市型现代农业发展"、天津和河北省都是"巩固发展都市型农业"。三地产业功能定位局限于自身角度,都竞相发展都市型农业,把农业观光园、民俗旅游等项目作为产业升级的方向，各自为政。导致产业结构自成体系，造成整个区域产业发展趋同，资源配置不够科学优化。与之相对应，京津冀农业高等教育也缺乏基于产业链的定位，京津冀区域内多所高校在自身办学定位时忽视为区域发展服务的办学理念，人才培养模式无法与区域发展水平、速度和规模相契合，难以满足区域发展对各种类型人才的需求，在产业结构升级中没能充分发挥人才的支撑作用。北京农学院与天津农学院同为直辖市市属农业高校，两校学科专业相近。中国农业大学、北京林业大学等教育部直属高校还没有形成与京津冀协同发展的学科和研究体系。

三、京津冀农业高等教育与农业产业链协同发展研究

农业是经济发展和社会稳定的基础，现代农业协同发展更是重要的支撑。在当前的时代背景下，北京、天津由于发展迅速，农产品需求量大，两市的科技、人才和资金要素密集，而相邻的河北的土地、劳动力和生态资源则相对较为丰富。基于这些原因，三地农业协同发展兼具禀赋基础和互补优势。京津冀现代农业对接合作有一定的成效，但由于三地定位不同、各自利益的驱使等原因，三地在协作意识、资金融通、政策统筹、资源分配等方面还存在许多不协调的情况。因此，在京津冀产业一体化的过程中，产业链分工是非常必要的，北京、天津、河北应根据自己不同的产业基础和独特优势在不同的产业环节上重点突破。对于北京和天津来说，大规模发展农业、养殖业都不现实，但河北具有发展这类产业的优势，当地可发展农业种植、养殖的土地面积相对较广，而且大量农民具有相当丰富的经验，借助北京、天津的农业、养殖业技术研发优势和转移过来的相关企业，可带动河北形成京津冀甚至华北地区粮食蔬菜供应基地。京津冀农业高等教育是农业产业链分工合作的重要支

撑，作为农业发展与创新的主体力量，农业高校必须以超前理念、开放视野、全局观念、系统思维审视创新驱动发展农业方式的新转变，整合京津冀农业高等教育资源，发挥农业科技创新和人才培育在京津冀农业协同的重要支撑。采用战略联盟、合作办学等方式开展深度合作，实现农业产业链上中下游的创新资源整合，围绕产业链部署教育链，围绕教育链完善创新链，围绕创新链，布局资金链，着力打造全产业链发展模式，提升区域协同创新的广度和深度。

京津冀农业协同发展基础好，潜力较大，农林类高校数量不多，因此合作较为容易开展，京津冀的部分高校已经通过合作办学、人才培养合作等方式着手探索高等教育协同发展模式。但是，目前京津冀农业高等教育的跨区域合作仍然处于零散状态，未形成统一格局，合作缺乏对接点，仅有的合作中一般性交流较多（如区域内几所同类型高校形成同盟、举行相关学术论坛等），实际合作的项目少，跨省（市）间的项目更少，且合作交流水平较低、领域较窄，教育资源共享仍局限于省（市）内。

（一）办学定位与产业规划定位趋同

北京第一产业的功能定位为"推进都市型现代农业发展"、天津和河北省都是"巩固发展都市型农业"。三地产业功能定位局限于自身角度，都竞相发展都市型农业，把农业观光园、民俗旅游等项目作为产业升级的方向，各自为政。导致产业结构自成体系，造成整个区域产业发展趋同，资源配置不够科学优化。与之相对应，京津冀农业高等教育也缺乏基于产业链的定位，京津冀区域内多所高校在自身办学定位时忽视为区域发展服务的办学理念，人才培养模式无法与区域发展水平、速度和规模相契合，难以满足区域发展对各种类型人才的需求，在产业结构升级中没能充分发挥人才的支撑作用。北京农学院与天津农学院同为直辖市市属农业高校，两校学科专业相近。中国农业大学、北京林业大学等教育部直属高校还没有形成与京津冀协同发展的学科和研究体系。

(二) 适应加快构建京津冀世界级城市群的总体要求

北京、天津应进一步压缩基本农产品生产，重点发展休闲、观光和生态景观型的都市农业，以及农业技术研发、营销设计等知识密集型农业。河北作为京津农业生产的纵深腹地，应以承接京津都市型农业扩散和转移、强化区域农产品供应保障、促进农业转型发展为主要方向，重点发展高效、优质、生态、品牌农业，积极发展现代化的农产品生产、加工和物流产业，积极推动一二三产业融合发展，努力成为京津高端优质农产品生产基地和供应基地，着力打造引领现代农业发展的示范区。

依托现代农业技术优势，放大农业科技创新、应用、扩散效应，推进京津冀农业科技协同，聚力打造京津冀农业科技高地，是京津冀农业协同发展的重要切入点。北京科技创新资源丰富，农业科技进步贡献率已超过70%，天津达到64%，河北则不足60%。这是我省农业发展的明显短板，也是京津冀农业协同发展的明显短板。京津冀农业科技协同的基本方向就是促进北京优势科技资源和要素向河北辐射与扩散，科技成果在河北孵化转化。应创新体制机制，推进三地企业、高校和科研院所跨区域联合，组建关联紧密、资源共享、通力合作、利益一体的京津冀农业科技创新联盟，并以此为依托加快关键技术研发和技术标准创新，共同申请国家重大科技计划和产业化项目，联合建设实验室、工程中心、中试基地、科技成果转化基地，深化产学研合作。

(三) 组建都市农业协同创新研究中心

为京津冀都市农业技术体系提供支撑。建立京津冀高等教育协同财政保障机制,协调与创新教育资源转移和承接手段与方法。中央财政可以加大转移支付力度,成立"京津冀高等教育协同发展基金",为高等教育协同发展提供资金保障。建立一套行之有效的监督机制和评测机制,通过组建"京津冀高等教育协同发展咨询团"、聘请专业的第三方测评机构对调控过程和协同进展进行监督和科学测评,确保高等教育协同取得实质性效果。

(四)构建北京和主产区的全产业链条

通过深入调研京冀、京鲁等区域全产业链,研究如何发挥北京在投入品研发、金融和营销方面的优势,加大对于区域合作特别是京津冀对接力度,构建从肥料—土壤改良—种植—流通—品牌—旅游—电商的全产业链流通模式。充分发挥北京在种子、新型有机肥料、土壤改良等方面的技术优势和金融优势,改善主产区农业生态环境,生产优质安全的农产品;充分发挥北京消费集中、量大的优势,利用电商、超市等新型渠道销售农产品。

(五)打造全产业链流通渠道新组织联盟

调研区域全产业链中的相关利益主体。研究如何利用北京政治、文化和国际交往等优势,在区域合作中联合政府、合作社、农场、农企、协会、电商、高校、科研单位等单位,打造全产业链组织联盟,共同开展生鲜农产品全产业链流通链条。研究北京如何充分发挥科技、金融、电商、消费等优势,打造产学研政金会六位一体的区域合作的开放性分享共赢平台。

四、京津冀农林类高校与产业链协同发展的对策建议

(一)构建京津冀教育链与产业链协同发挥的定位

构建北京和主产区的全产业链条。通过深入调研京冀、京鲁等

区域全产业链，研究如何发挥北京在投入品研发、金融和营销方面的优势，加大对于区域合作特别是京津冀对接力度，构建从肥料—土壤改良—种植—流通—品牌—旅游—电商的全产业链流通模式。充分发挥北京在种子、新型有机肥料、土壤改良等方面的技术优势和金融优势，改善主产区农业生态环境，生产优质安全的农产品；充分发挥北京消费集中、量大的优势，利用电商、超市等新型渠道销售农产品。

适应加快构建京津冀世界级城市群的总体要求，北京、天津应进一步压缩基本农产品生产，重点发展休闲、观光和生态景观型的都市农业，以及农业技术研发、营销设计等知识密集型农业。河北作为京津农业生产的纵深腹地，应以承接京津都市型农业扩散和转移、强化区域农产品供应保障、促进农业转型发展为主要方向，重点发展高效、优质、生态、品牌农业，积极发展现代化的农产品生产、加工和物流产业，积极推动一二三产业融合发展，努力成为京津高端优质农产品生产基地和供应基地，着力打造引领现代农业发展的示范区。

依托现代农业技术优势，放大农业科技创新、应用、扩散效应，推进京津冀农业科技协同，聚力打造京津冀农业科技高地，是京津冀农业协同发展的重要切入点。北京科技创新资源丰富，农业科技进步贡献率已超过70%，天津达到64%，河北则不足60%。这是我省农业发展的明显短板，也是京津冀农业协同发展的明显短板。京津冀农业科技协同的基本方向就是促进北京优势科技资源和要素向河北辐射与扩散，科技成果在河北孵化转化。应创新体制机制，推进三地企业、高校和科研院所跨区域联合，组建关联紧密、资源共享、通力合作、利益一体的京津冀农业科技创新联盟，并以此为依托加快关键技术研发和技术标准创新，共同申请国家重大科技计划和产业化项目，联合建设实验室、工程中心、中试基地、科技成果转化基地，深化产学研合作。

（二）建立学科专业结构与区域经济社会发展和产业布局需求相适应的动态调整机制

主动融入地方经济社会发展，以首都发展定位和京津冀协同发展为需求导向，加强对国家战略新兴产业发展、传统产业改造升级、社会建设和公共服务领域改善民生急需的专业建设。积极发展和创造条件增加高端制造与装备工程、智慧城市工程、生态机械及其应用、工业4.0工程、价值链管理与控制等专业及专业方向。扶强保重，突出特色。对少数不适应经济社会发展需要的专业进行调整、合并或撤销，在优化专业结构、调整专业布局的同时，积极实施品牌专业和特色专业建设战略。在巩固原有计算机类相关专业特色的同时，将大数据、云计算、数据挖掘的内容进行增加和扩充；对机械类专业进行现代制造与装备、数控网络、3D打印技术等改造；对工商经济管理类专业进行创业管理创新管理、扁平化组织、互联网金融、产业分工与价值链、绿色金融、生态工业管理等改造；对法律类专业增加知识产权保护、国际诉讼等内容。

其中，在人才培养方面将围绕京津冀协同发展需求，加强优势特色专业建设，搭建教育教学资源共享平台，凝练教育教学改革成果；联合开展创新创业、学科竞赛和大学生科研项目，共同推进"卓越农林人才培养计划"；建立联盟内高校学工部门及学生组织间的互动机制；构建"多校园学习模式"；协同研讨招生改革。

（三）实现主产区和主销区之间区域渠道新对接

研究北京如何充分发挥科技、金融、电商、消费等优势，打造产学研政金会六位一体的区域合作的开放性分享共赢平台。通过全产业链的成本收益分析，将最好的产品和最强的消费力结合起来，构建区域全产业链合作的利益分配机制。北京具有强大的消费潜力，也有较大的带动示范作用，通过全产业链实现区域农业合作的新水平，促进区域生态文明发展。研究如何利用北京政治、文化和国际交往等优势，在区域合作中联合政府、合作社、农场、农企、协会、电商、高校、科研单位等单位，打造全产业链组织联盟，共同开展生鲜农产品全产业链流通链条。研究通过北京和主产区联合打造立体化农业品牌，将网络、实体、体验等农业多功能元素注入全产业链，给主产区带来更多收益，打造现代生态文明。

（四）雄安新区建成京津冀农林高校发展新高地

日前，河北农业大学正式成立雄安新区发展研究院，依托"京津冀农林高校协同创新联盟"，利用毗邻雄安新区的区位特点，充分发挥自身教育科技资源优势，助力新区建设。研究院针对新区生态环境建设需要，设立"逆九河流域生态研究"项目组。雄安新区包括了华北平原最大的淡水湖泊白洋淀，其地处大清河水系的九河下梢，保护和修复白洋淀生态功能是新区规划建设的重要前提，涵盖从太行山区到山前平原区整个流域的生态环境改善，是一个庞大的系统工程。项目组将在此前工作的基础上逆九河而上，深入研究每条河流所流经区域的生态特征、存在问题及其对策措施。研究院着眼于雄安新区绿色农产品和生态休闲农业供给，设立休闲生态农业观光研究、绿色果品、蔬菜及其加工研究等若干项目组。结合学校深化拓展"太行山道路"的办学特色，打造一批彰显农大特点的三结合基地升级版，重点围绕雄安新区西依太行山的实际，开展"由点连线成片"的休闲生态农业观光带、绿色生态屏障、特色干鲜果品、蔬菜供给地的实践研究，提出有针对性的功能分区和具体实施方案。

研究院将对雄安新区农村基层干部、新型农民群体、涉农企业及村域文化特征深入开展调查研究,根据新区建设的需要,有针对性地提出政策建议。特别是结合河北农大作为全省农村基层干部培训基地的优势,有组织地对新区农村干部、涉农企业经理人、转移劳动力进行政策、市场、技能等方面的培训。同时发挥学校城乡建设、国土资源、园林旅游等专业优势帮助开展特色小镇、微环境治理规划等工作。

(五) 创新京津冀农林高校协同发展的组织设计

一是中国农业大学涿州分校,重点发展基础农业技术和工程。作为技术推广中心。北京林业大学建设张家口分校和河北北方学院合作,为京津冀防护林做出贡献。在雄安组建京津冀农业联合学院。二是据悉,双方将共建协同创新平台、机构,针对通州生态环境建设需求,开展科研合作和协同创新,联合申报、承担科技计划项目,为通州农林产业结构调整、转型升级、城乡统筹协调发展、北京城市副中心绿地系统规划研究等领域的重大课题,开展科技服务和咨询论证,推动通州绿色、宜居、人文、智慧发展。双方还将建立增彩延绿科技园区、示范片区和联合研究中心,建设重大科技成果转化基地、科技园林,为城市副中心实现"三季有彩、四季常绿"的宜居景观提供保障。按照协议,双方将采取学历教育与非学历教育相结合等方式,加大城市副中心亟须的生态建设人才联合培养力度。在通州建立北林大教学科研、社会实践基地,制定优惠政策,支持和引导优秀毕业生在通州就业创业。

(六) 设立农业产业链与高等教育协同发展示范项目

地方农业高校作出恰当的战略定位是农业科技创新的迫切要求。推动畜牧、水产、林业等全产业链。北京农学院与天津农学院同为直辖市市属农业高校,两校学科专业相近,都在都市农业技术体系方面拥有各自优势。可以组建都市农业协同创新研究中心，共同为京津冀都市农业技术体系提供支撑。建立京津冀高等教育协同财政保障机制，协调与创新教育资源转移和承接手段与方法。中央财政可以加大转移支付力度，成立"京津冀高等教育协同发展基金"，为高等教育协同发展提供资金保障。建立一套行之有效的监督机制和评测机制，通过组建"京津冀高等教育协同发展咨询团"、聘请专业的第三方测评机构对调控过程和协同进展进行监督和科学测评，确保高等教育协同取得实质性效果。

第九章 京津冀物流高等教育与物流产业链协同发展研究

物流产业既是各个产业之间的粘合剂,也是企业发展壮大的重要支撑。是一个融合了产品、设施、金融、人力的综合性产业。物流产业更是各个区域经济的纽带,区域经济互通有无、分工合作、协调发展离不开物流产业的联通和互动。区域经济一体化首先需要实现区域物流一体化,区域物流一体化则要求建立相互补充相互支持的物流产业链合作机制。京津冀协同发展使得三地的物流业迎来了巨大的调整,北京市要疏解区域物流中心和批发市场,而且物流业进入了产业限制目录。天津市要建设国际航运中心。河北省则是现代商贸物流基地。这样的定位调整对京津冀三地的物流相关高校和学科发展提出了巨大的挑战。

一、京津冀物流产业链的现状及问题

(一)京津冀物流产业链的现状

京津冀地区区域位置靠近,经济体量较大,交通物流网络密集,这为物流一体化提供了前提和基础。北京是首都,具有政治、科技、文化等智慧资源优势；天津作为北方最大的沿海城市，是北方的经济中心和国际港口城市，加之滨海新区带动，经济活力突出；河北地域广阔，资源丰富，加工业等优势突出。近年来，京津冀经济交往不断深化，京津冀物流一体化建设取得了一些进展，但仍然面临着许多问题和障碍，成为制约京津冀经济一体化的"瓶颈"。京津冀至今仍然没有建立分工明确、搭配合理、高效有序的物流产业链条，这导致物流资源重复建设，物流成本居高不下，造成产业之间难以协调，经济发展协作性较差，也不可避免地带来了运输车辆的废气、废旧物品流通等环境污染。按照经济发展和产业布局，引导物流资源跨区域整合和优化配置，形成分工明确、搭配合理、高效有序的物流产业链条，不仅是现代物流业发展的客观需要，也是推动京津冀经济一体化的重要内容。一些学者从制度和机制层面提出了推进京津冀物流一体化的对策。张莉，唐茂华（2012）提出应谋划互利共赢、协同发展的差异化定位，在构建快捷便利的区域物流体系和建立地区间利益分享补偿机制两个方面创新合作机制。高秀春（2013）提出，要提高自主创新能力，必须构建一套完备的制度体系，并通过合适的制度设计促进京津冀地区物流产业的无缝连接。踪程，何继新（2011）提出，依据区域物流一体化模式的基本框架，提出以政府宏观政策为指导，以科学的物流市场需求预测和市场准入机制为基础，夯实物流企业发展、物流人才培养、物流标准化和信息化以及基础设施等支持资源，才能实现区域物流协调发展。一些学者提出了京津冀物流一体化的发展模式。孙前进（2011）提出了基于产业结构的京津冀物流功能集聚区建设思路，为区域物流集聚区数量、布局及规模的规划、建设提供参考依据。李明芳，薛景梅（2015）提出，借助主成分分析法和城市引力模型，认为提高京津冀区域物流效率需要结合京津冀区域物流体系特征构建轴辐式区域物流网络。翁钢民，杜梅（2014）提出，要加大京津冀区域城市物流设施的建设，合理布局交通，加大政策性鼓励，使物流业带动该区域经济的发展，缩小区域内各城市物流业发展的空间差异，坚持比较优势，灵活采用布局模式，合理调控市场，运用规划手段进行空间导引，真正实现京津冀区域物流一体化发展。王爽（2015）提出，京津冀区域物流的集群发展需要明确资源配置边界，打破当前以授权竞争为主的局面，建立以产业链和产业体系竞争为主的格局；通过顶层设计，打破行政区域的物流布局，形成信息同步、可持续发展、有核心竞争优势的大物流系统；在利益分配方面，应协调发展，协同带动，共享发展成果；打造资源杠杆优势，共享物流信息资源，建设基于整体发展的物流网络和设施节点。

综上，众多学者从差异化定位、利益分配机制、建立制度体系、标准化等方面对京津冀物流一体化提出了政策建议，也指出了辐射式、产业集群等物流一体化合作模式。然而，仍然缺乏一个统一的研究视角。或者是偏重于计量分析，或者偏重定性描述。对于京津冀物流合作产业模式也缺乏细节描述，缺乏具体的产业案例研究。研究成果与实践还存在一定的差距。王旭东（2014）提出，在京津冀物流一体化实现路径上，要多维度、多层面考虑，包括政府层面、行业协会层面、企业层面和科研院所层面；既要关注基础设施的对接，也要关心信息的互联互通，同时还要关心市场规则、政府政策的互联互通。本研究以物流产业链的视角，分析了京津冀物流产业链的现状，分析了存在产业链节点不衔接、产业链合作机制不完善、产业链分工不明确、产业链标准化、信息化不完善等问题，提出了京津冀物流一体化的产业链功能定位，提出嵌入式产业链合作模式、连锁式产业链合作模式和整体搬迁式产业链合作模式。最后提出政策建议。

物流产业链是指对商品、服务及相关信息在起源地到消费地之间，有效率和有效益的正向和反向移动与储存进行的计划、执行和控制的过程，主要包括运输、储存保管、装卸、搬运、包装、流通加工、配送、信息处理等。其中运输、仓储、包装加工是物流产业链的主要内容，随着信息技术的发展，信息管理系统在物流产业的地位日益提升。京津冀地区物流业发展已经形成了各自相对完整的体系，但没有形成分工明确、搭配合理、高效有序的物流产业链条。

2013年北京市社会物流总额72298.6亿元，物流业务收入2267.6亿元，物流业从业人员48.6万人。2013年末，全市共有交通运输、仓储和邮政业法人单位14290个，比2008年末增长137.3%；从业人员685680人，比2008年末下降1.4%。道路货物运输业、仓储业、装卸搬运和运输代理业中，分别有6761户、6317户和4278户，分别占物流企业户数的35.10%、32.80%和22.21%。全年货运量29536.2万吨。北京道路及交通网络发达，由铁路干线、支线和联络线组成了全国最大的环形铁路枢纽；首都机场通达世界及全国所有重要城市；毗邻的天津港成为北京货物重要的出海通道。目前，北京市正在加快建设世界城市和国际商贸中心，这对现代物流业的发展提出了新的更高要求。另外，京津冀一体化协同发展中北京市疏解非核心功能也对物流产业链转型升级提出了更大挑战。

2013年天津市物流业增加值大约为1300亿元，占第三产业增加值的17%，占地区生产总值的8%。全市各类物流企业已近2万家。全年货运量51602.54万吨，货物周转量5390.47亿吨公里，港口货物吞吐量5.01亿吨，集装箱吞吐量1301.20万标准箱。机场旅客吞吐量1003.58万人次，货邮吞吐量21.44万吨[①]。天津市港口优越，

---

① 《2013年天津市国民经济和社会发展统计公报》，天津市统计局（国家统计局天津调查总队），《天津日报》，2014年3月29日。

公路、铁路网密集分布,具备物流中心的区位优势。成为中国境内唯一拥有3条通道的大陆桥东部起点。天津港与500多个港口有贸易往来,是我国沿海主枢纽港和综合运输体系的重要枢纽,是京津冀现代化综合交通网络的重要节点和对外贸易的主要口岸,是华北、西北地区能源物资和原材料运输的主要中转港,是北方地区的集装箱干线港和发展现代物流的重要港口。天津港既可以直接通往海外,也与满洲里等陆镜口岸开通了集装箱班列。已建成北京朝阳、平谷,河北石家庄,山东德州,山西侯马等23座无水港。而且,开通的天津电子口岸与物流信息平台有效提升了通关效率和客户服务水平。

2013年前三季度河北省物流业增加值实现1694亿元,同比增长7.3%;物流总额实现59349亿元,同比增长9.2%;全社会货运量达到18亿吨,同比增长13.8%;全社会货运周转量达到8480亿吨公里,同比增长10.6%;社会物流总费用占GDP的比率为19.68%,同比增加了0.1个百分点;物流业增加值占GDP的比重为8.08%[①]。河北省有省级物流产业聚集区总数32个,物流企业5024家,河北沿海地区拥有秦皇岛港、唐山港、黄骅港等天然不冻海港口。

从目前的京津冀地区的物流产业链来看,京津冀地区经济总量较大,物流量大,地理位置接近,公路、铁路、海运等物流设施较为发达;京津冀地区人才技术优势明显,政府强力推动经济一体化,政策优势强,区域物流具有良好的产业基础。当前,京津冀地区正在推进经济,特别是交通一体化规划,对于物流产业链一体化而言,市场主体都很多,但规模都不大,没有形成科学的产业分工和经济规模。物流节点较多,存在重复建设和资源浪费,对物流资源的整合和一体化运作形成体制性障碍。

---

① 《河北物流业2013年发展情况及下一步工作部署》,河北省现代物流业发展领导小组办公室,《现代物流报》,2014年1月7日。

（二）京津冀物流产业链的主要问题

但从京津冀各自的物流产业规模来看，它们的规模都很大。但从京津冀物流产业链一体化的情况来看，还没有形成相互融合、协同发展的局面。其主要问题表现在：物流产业链条中物流节点不衔接，物流产业链分工机制没有形成，物流合作模式不成熟、物流产业链标准化低等问题。

1. 京津冀地区物流产业链节点不衔接不畅通

物流节点是物流系统中资源集聚、组织整合和要素综合的场所，是物流网络系统的中枢，具有价值上的增值性、产业上的联动性和经济上的带动性。正因为此，各地争相发展港口、机场、园区等物流节点。这种过度竞争和封闭竞争严重，导致重复建设、产业结构趋同。不仅造成整个区域的资源无效配置和经济发展水平相对落后，而且阻碍了区域之间物资和商品的流动，制约了整个区域物流一体化的发展。京津冀地区存在多个重复的物流节点，港口建设方面，该地区具有众多北方重要港口，但天津港、秦皇岛港、京唐港、黄骅港等港口地理位置相近，业务相似，导致相互竞争，规模不足，缺乏协调与合作。机场建设方面，由于缺乏统一规划，首都机场能力持续饱和，而天津、石家庄机场运量显得不足。物流节点不能有效衔接。京津冀地区海港、空港、陆港与物流中心、物流配送中心、中转货运站点不能有效衔接，导致多式联运所占比例不高，直接影响了物流产业经济区域集成化、协同发展进程。河北省路网密度、高等级路面比例均远低于京津，且京昆、京秦等6条与北京对接的高速公路尚未全部打通，多条与北京对接的普通干线公路为"断头路"或"瓶颈路"，省内部分地区公路建设相对滞后。在铁路建设中，区域铁路网呈现出以北京为中心的放射型结构特点，这种结构导致与北京无关的客货物流都要经过北京枢纽，大量的过境运输对北京造成很大压力，运距增加产生额外的物流成本，也影响了京津冀相互协作和发展。而河北省内铁路、城际线路建设步伐进程相对缓慢[①]。

2. 京津冀经济区物流产业链环节分工尚未明确

京津冀虽然交通基础设施门类齐全，但交通物流一体化思维仍有待建立。京津冀三地都是相对独立的行政主体，在物流产业发展中，缺乏有效的沟通、协调和分工协作，不仅造成整个区域物流资源不能有效配置，而且阻碍了区域内物资和商品的合理流动，制约了区域物流协同发展。京津作为京津冀的双核心城市，两者之间的关系定位比较模糊，没有形成紧密的分工协作关系，对区域经济的辐射带动作用还很有限。京津冀主要是从追寻自我循环的角度来设定其城市空间布局和产业结构调整，而忽视周边城市的发展。因此，京津冀地区的合作意识不强，也就很难产生跨区域、跨行业、复合型的物流产业。目前，北京市正在加快疏解非核心功能，但这并不是说北京不需要这些功能，这就更加需要京津冀三地相互配合，形成分工明确的产业链条。

虽然京津冀三地正在努力完善交通道路网络，但相关服务却明显滞后。公路收费问题仍然存在，在一些县城或是农村，有时还是有过路、过桥之类的费用，而且由于分属不同的行政区划，各地在收费上没有统一标准，往往都是随机收费，甚至对外地车辆收取高额费用，这些不规范的收费行为大大提高了物流企业的运营成本，不同的收费标准影响到物流一体化的建设。此外，随着城市道路拥堵问题日益严重，各地针对货运车辆的限行措施纷纷推出，使得跨区域经营业务的物流企业十分被动，他们不得不绕远路进行配送，物流运输的及时性受到影响。

---

① 引自 http://wenku.baidu.com/view/925c6483ec3a87c24028c452。

3. 物流产业链标准化和信息化水平偏低，缺乏统一的公共信息平台

标准化和信息化是京津冀地区物流产业链的两个重要支撑。多年来许多部门和单位各自建设的信息平台逐渐形成了信息孤岛，没能充分发挥出信息化的优势。目前，整个京津冀地区物流业还没有统一的公共信息平台，导致物流信息无法共享和自由交换。对于京津冀地区来说，物流标准化还存在许多问题，严重制约了区域物流一体化的发展。基本设备没有统一的规范，不能实现有效的衔接。物流包装标准与物流设施标准间也存在缺口，严重影响了货物在运输、仓储、搬运过程中的机械化、自动化水平的提高及协调运作。同时，物流信息标准化建设工作亟待加强。整个京津冀地区物流领域还没有公共数据接口的行业和国家编码标准，造成了实际运作过程中互不兼容、数据无法自由交换和共享的窘态，严重影响了货运效率，也不能充分体现出信息的价值所在。

4. 京津冀地区物流产业链综合管理人才比较缺乏

物流业是融合运输、仓储、货代、信息等产业的复合型服务业，是支撑国民经济发展的基础性、战略性产业。加快建立现代物流服务体系，离不开高素质专业化的技能型人才的有力支撑。近年，物流学历教育、在职人员的继续教育、操作型人才的培养都得到快速推进。但仍然不能满足物流产业高速发展的需要，还面临着许多问题和困难，尤其是物流产业链宏观规划管理人才、企业物流职业经理人、物流工程技术人员和媒介人员，包括品牌师严重缺乏。另外，受严格的户口管理制度和社会保障制度的约束，影响了三地人才政策的统一和衔接，成为抑制人才自由流动的重要因素。经济发展不平衡，加速了河北人才向京津两市的流动。京津冀三地缺乏物流人才的联合开发与合作培养，影响了京津冀物流协同发展。

二、京津冀物流类高校和专业分析

在区域经济一体化发展的大趋势下，京津冀地区协同发展已成为优化资源配置、提升区域竞争力的重要途径。京津冀协同发展是京津冀三地在产业分工、城市布局、设施配套、综合交通体系等多领域、多角度的发展，作为国民经济的基础性产业之一，物流业的协同发展自然成为京津冀协同发展的重要内容之一。物流协同发展推动区域经济一体化进程，物流业被称为"经济发展的加速器"，其不仅对区域经济发展起着基础性的支撑作用，还影响和制约着整个区域经济运行的速度和效益。实现京津冀物流协同发展将进一步发挥京津冀各自优势，促进区域经济协调发展，为实现京津冀区域经济一体化，打造我国经济发展新的支撑带提供动力支持。京津冀地区以物流专业为特色的高校不多，其中北京物资学院是致力于打造以物流和流通为特色的高校，北京交通大学物流专业相较于其他学校实力雄厚。北京地区的北京工商大学，北京化工大学，北京邮电大学等；天津地区的南开大学、天津理工大学等；河北地区的河北地质大学、河北农业大学、石家庄铁道大学、河北科技师范学院、河北工业职业技术学院等都开设了物流专业。

（一）北京物资学院

北京物资学院是一所以物流和流通为特色，以经济学科为基础，以管理学科为主干，经、管、理、工、文、法等多学科协调发展的公办普通高等院校。学校建有国家级特色专业——经济学专业、物流管理专业，国家级人才培养模式创新实验区——具有国际化视野的实战型物流人才培养实验区，国家级实验教学示范中心——物流系统与技术实验教学中心，北京市重点实验室——物流系统与技术实验室、智能物流系统实验室，北京市哲学社会科学研究基地——北京现代物流研究基地，北京高校工程研究中心——北京市高校物流工程中心，北京市协同创新中心——智能物流系统协同创新中心，是学习和科研的良好场所。物资学院办学定位明确，拥有国内一流的办学资源，独具特色的研究领域和完善的对外服务体系。物流管理专业和采购专业均为国内首创，具有悠久的教学历史。物流学院长期以来形成的办学指导思想是：以学科专业建设为龙头，以本科教学工作为中心，以科学研究为支撑，以培养模式创新为推动，科研与教学双引擎推动，相互促进，共同发展，以为地方经济建设和行业发展服务为宗旨，以市场需求、地域特色、学生就业为办学依据，创建和谐团队，合理搭建教学科研和实践平台，使学院成为世界知名、国内独具特色的物流、采购与供应链管理的教育和研究基地。

（二）北京交通大学

北京交通大学物流管理与工程学科源于1946年在国内首家设立的为铁路供应物流培养管理人才的材料管理本科专业，为铁路的供应物流培养专业的管理人才，并先后建成了我国第一个培养物流管理人才的硕士点（1979年，物资管理工程）和博士点（1996年，物资流通工程，1997年并入管理科学与工程一级学科），是我国首家具有本、硕、博完整的物流管理人才培养体系的高校。2009年获管理科学与工程博士后流动站，是我国首家具有本、硕、博完整的物流管理人才培养体系的学科。2007年北京交通大学物流管理本科专业被评为第一批国家级特色专业建设点，是第一个拥有中国院士的物流管理学科。

物流管理系在学术界和产业界有较大影响力，在国家物流产业政策、行业标准、区域规划等方面有重要影响。多年来，学科为国家特别是为铁路系统培养了大批各层次的物流管理人才，在物流管理与工程领域的研究成果卓著，为物流相关行业的发展做出了重要贡献，在社会上享有盛誉。在第三方评价中北京交通大学物流管理本科专业多次名列前茅。物流管理系是北京市重点学科（2002年，管理科学与工程）的主要建设单位，是国家虚拟仿真试验中心（2015年）、物流管理与技术北京市重点实验室（2009年）、北京市实验教学示范中心（2008年），北京物流信息化研究基地——北京市哲学社会科学研究基地（2014年）的重要参与者。物流管理系本着加强基础、学科融合、创新发展和服务社会原则，明确创新型物流管理人才培养目标和"学术引领、研学互动、知行并重"的人才培养理念。在探索产—研—学互动的人才培养途径、构建知行并重的实践教学体系等方面取得了显著成效。所培养的学生很多已经成为物流学科领军学者、物业知流行名专家、物流企业高层管理者，更有上市公司负责人和各行业物流管理队伍的中间力量。物流管理系的研究涉及农产品、药品、能源、交通、制造业等行业。为各级政府、企业做的研究与咨询涉及区域物流发展战略、物流园区规划、物流追踪与物流信息化、城市配送与城市物流政策。在"十二五"期间，承担国家自然科学基金重大、重点和面上项目近20多项，欧盟第7框架项目1项以及博士点基金和北京市社科基金等省部级项目20多项。为北京市、云南省物流发展战略及规划所做的研究得到省委主要领导的批示。为铁路总公司、中石油集团公司、北京市首农集团等大型国有企业提供多项物流管理咨询研究。

（三）北京工商大学

北京工商大学物流管理专业为国内最早的物流管理本科专业。1992年经国家教育部批准设立，1993年在国内首次招收本科生。2007年本专业被评为国家特色专业，2008年被评为北京市特色专业。2008年物流管理教学团队被授予国家级优秀教学团队荣誉称号。2013年《物流系统论》课程获批国家级精品资源共享课立项。本专业团队共有16名成员，12人具有博士学历，专业带头人何明珂教授在国内拥有较高的知名度。培养德智体美全面发展，适应21世纪国家特别是首都经济建设和社会发展需要，能够在制造、流通、交通运输等企业及政府部门从事物流与供应链管理工作，德才兼备、知行合一、具有创新精神和实践能力的复合性应用型专门人才。物流管理专业在物流基础理论教学上具有国内领先的教学水平；物流系统理论与方法、供应链管理、电子商务与现代物流、流通技术与方法、连锁经营与配送、供应链管理咨询等是学院物流管理专业具有优势的研究领域。强调实践教学，与企业联合培养人才；具有良好的国际合作背景。

（四）北京化工大学

"物流管理"是教育部2012年最新设立的一级学科"物流管理与工程"下设的本科专业，该校从2012年开始全国招生。"物流管理"于2010年在该校率先作为"工商管理"专业的一个学科方向招生。旨在培养具备扎实的经济管理理论基础，熟悉物流管理的相关法规，掌握系统的供应链及物流管理理论知识，能够从事物流系统优化等研究、物流业务运作以及物流管理的复合型物流人才。本专业是学校划拨专项资金重点建设的特色专业之一。本专业培养的人才能够在国际化、信息化环境下从事现代物流服务的研究与管理及企事业的物流管理工作。厚基础，宽口径，以专业基础扎实、注重能力培养为主要特色。本专业培养注重实践教学，学校划拨专项资金大力建设现代物流实验室，配备了各种先进的物流设备及相关软件，为学生提供了优越的实践学习环境。同时还设立专业实践、企业资源管理沙盘模拟实验、经管类实验、综合实习等实践环节，使学生获得大量的科学研究及实际应用等方面的专业训练,不断提高解决实际问题的综合能力。十分注重对学生管理素质的培养,通过校内外实践基地的训练,为学生动手能力和创新能力的培养提供强有力的保障。

(五) 北京邮电大学

物流专业培养掌握现代物流经营管理理论,具有较强的物流经营管理实践能力,在工商企业物流中心和第三方物流公司从事物流经营管理的高级技术应用性专门人才。专业核心课程与主要实践环节有经济学基础、管理学基础、经济法、现代物流管理、电子商务、配送与配送中心管理、采购与仓储管理、供应链管理、物流管理信息系统、商品学概论、电子商务、社会调查、课程设计、毕业实习、毕业论文等,以及各校的主要特色课程和实践环节。

(六) 南开大学

南开大学物流管理专业成立于2005年,经过六年多来的发展和建设,本专业教学体系逐步完善,科研实力大幅提升,专业影响进一步扩大,尤其在实践教学领域的创新已经成为业界的典范。本专业毕业生综合素质优异,攻读研究生和出国留学的学生比例高达35%~50%,毕业生受到用人单位的广泛好评。物流管理专业着力于培养掌握现代物流和供应链管理的基础理论和主要技术、方法,具备独立观察、研究、分析、解决企业物流和供应链管理实践问题的综合能力,具备较强企业内部管理和外部协调能力的物流管理人才。

本专业与众多国内外知名大学建有紧密的合作关系,包括中国香港理工大学、中国香港中文大学、台湾交通大学、中国台湾东吴大学、瑞典延学平大学等。本专业注重培养学生的实践能力,已经与DHL、可口可乐、天津港集团等多家企业集团建立学生实习基地,学生在校期间可前往多家企业进行参观和实习。

（七）天津理工大学

专业致力于应用经济学、管理学、系统工程学的理论和技术、方法，解决现代物质流通过程中的时间、空间及成本效率等问题的研究和企业物流的实践活动。培养掌握现代物流与供应链管理的系统分析、设计、运营管理的基本理论和主要技术、方法，具备独立观察、研究、分析、解决企业物流和供应链管理实践问题的综合能力，具有企业内部管理和外部协调能力的现代物流管理人才。毕业后主要从事企事业单位、贸易公司与专业物流公司的物流系统规划、物流系统分析与设计、物流系统管理、专业物流服务的管理及电子商务和供应链的运作管理等工作。本专业培养方向有：物流系统分析及规划设计、企业供应链运作管理、电子商务与物流管理。

（八）河北地质大学

物流专业培养基础宽厚，具有较强的实践能力和创新意识，掌握现代物流的管理理论、技术技能和运营策略及方法，能够在生产企业、流通企业、物流企业及相关部门从事物流运作管理及物流系统规划与设计的高级应用型专门人才。本专业要求学生具有扎实的管理学、经济学、信息技术及物流管理学基础知识；了解物流管理理论发展前沿及物流管理技术的发展状况和趋势；熟悉我国物流管理的政策、法规；熟悉物流管理实务运作流程、熟练运用物流管理软件；具有较强的实践工作能力及创新能力，能够运用所学理论、方法与技术解决实际问题；具有较强的表达、沟通和协调能力；熟练掌握一门外语和计算机应用技能。

（九）河北农业大学

物流管理本科专业培养适应我国社会经济发展需要，以管理学科为理论基础,经济、管理、理学、工学、法学学科相互渗透,德智体美全面发展,按"以教师为引导,以课堂为园地、以模拟实验室为平台、以企业为基地"的思路进行全方位的物流管理人才的素质教育,培养具有较高的思想道德和文化修养,具有较好的创新精神和实践能力,具有坚实的外语、数学、计算机基础,具有扎实的经济、管理、信息、系统科学及相关学科理论基础,熟悉物流管理相关法规,掌握系统的物流和供应链管理理论知识,熟悉物流和供应链系统优化、采购管理、运输管理、仓储管理、库存控制、物流信息管理及相关物流业务运作与管理,能在企事业单位及政府职能部门从事物流和供应链系统优化、物流业务运作及组织管理的复合型物流管理、科研以及教育等方面工作的高级应用型人才。

(十)石家庄铁道大学

石家庄铁路职业技术学院铁路物流管理专业是学校的重点专业。近年来,中国的交通基础设施网络已经初步形成,多项指标居世界第一,"到2015年年底,全国铁路营运里程约为12万公里,仅次于美国,高速铁路里程1.9万公里,超过世界其他国家里程之和"。中国铁路总公司提出,"力争用3年左右时间,努力将铁路发展成为国内领先、世界一流、最具市场竞争力的现代物流企业,在全国基本形成布局合理、便捷高效、服务优质、安全有序,并与其他交通运输方式有效衔接的铁路现代物流服务体系,为降低社会物流成本、促进经济社会持续健康发展提供可靠保障"。随着铁路物流的发展,铁路物流对铁路物流管理专业提出巨大的人才需求。近几年,多个铁路运输企业到我院物流管理专业招生,并提出未来数年还会有巨大需求。

(十一)河北科技师范学院

主要为各类企业、事业单位从事物流系统规划、物流设计、物流管理、从事教学与科研工作的物流行政管理的专门人才。

（十二）河北工业职业技术学院

学院是河北省唯一一所省属冶金类高职院校，冶金是该校最好的专业，物流管理专业在本校没什么优势和一般了，当然就业率也不是太好，毕业生可以在工业企业、商品流通企业、物流配送企业等企业，从事物资的计划、采购、统计、调度、储运等工作，在工业企业、物流企业从事物资管理信息系统操作和维护工作。

京津冀物流类相关高校及相关专业较为分散，无论是研究还是人才培养都存在明显的缺陷，没有形成依托产业链发展的合作机制。

三、京津冀物流产业链与高等教育匹配机制

近年来物流专业毕业生就业单位主要分布于北京、长三角经济区、珠三角经济区等发达地区，主要在制造业、大型商贸企业、运输业、咨询等行业，以及各地政府部门等，部分就业单位：中国远洋运输（集团）公司、中储发展股份有限公司、中海集装箱运输股份有限公司、中国外运股份有限公司、深圳海关、广东美的集团股份有限公司、海尔集团、康佳集团、TCL集团、新科安达集团、共速达发展有限公司、摩托罗拉公司、诺基亚（中国）投资有限公司、爱立信公司、沃尔玛公司、家乐福集团、招商迪辰集团，亚马逊中国、埃森哲公司等。

从师资及物流毕业生素质说，大多毕业生专业能力不过关，个人素质比较低，解决不了社会对于高级物流人才强大需求的问题。很多老师是从相关学科转行而来，经过简单培训走上物流专业老师的岗位。虽然他们有着丰富的教学经验，但是缺乏物流专业知识的

教学技巧，不利于学生对物流专业技能的学习。并且多数物流专业教师在物流岗位上工作的实践经验很少，造成老师传授的物流专业知识与实际存在较大差距，这是影响高职学生职业发展的最大问题。从物流人才培训机构来说，教学质量更是参差不齐、管理混乱。培训机构与高职院校有相似的教学方法，偏重物流专业的理论知识教育，忽视物流专业中理论联系实际的专业操作能力，培训人员无法将所学知识真正运用到实际物流工作中。从京津冀区域人才培养的基本情况来看，北京、天津人才培养水平在全国位居前列，河北省则处于中下游水平。在基础教育领域，北京、天津已基本实现教育现代化，河北省的优质特色学校建设差距很大。在高等教育领域，北京、天津名校云集，河北省则是以地方高等教育为主的高等教育规模大省，而非高等教育质量强省。因此，京津冀协同发展国家战略的根本就是要以促进京津冀三地人才培养均衡发展为目标，均衡人才培养经费与资源配置，实现教师、学生与学校发展等多层次的教育均衡，同时，建立人才流动、使用、发挥作用中的保障机制。从京津冀对物流人才需求情况看，北京城市定位的转换对诸如物流等第三产业高级技术技能人才的需求量最大。天津汽车、微电子和通讯设备、石油化工、海洋化工以及优质金属制品为重点的四大支柱产业的发展离不开对于物流从业人员的需求，预估计对物流等相应领域的技术人才需求的年增长率都将超出7%，高级技术工人的需求年均增长率将达9%。河北将发挥产业转移承接者的作用，对人才需求的定位为京津高技术产业和先进制造业研发转化及加工配套人才，这其中也少不了对于物流人才的需求。从物流人才需求领域和需求层次看，应该构建京津冀物流人才一体化开发和培养体系，从政府的角度，有关教育部门根据市场需求在审批、设置物流专业时，有计划地协调高校物流院系专业的设置，对招生规模和层次有所限制或侧重。综上所述，随着京津冀三地的经济科技的快速发展，迫切需要物流的快速发展来支撑三地经济的发展，进而需要通过三地高职资源的整合，构建适合三地经济、教育协同发展的能够实现教育公平度提升、人才流动顺畅、教育成本下降的人才培养模式。

北京市应发展重点发展总部经济、物流金融、物流信息平台、物联网等，成为物流产业链的头脑。将产业链（供应链）上的核心企业及其相关的上下游配套企业作为一个整体，通过消费、物流信息引导物流产业链，以物流产业链产生巨大的资本源，形成上下游产业信息共享、网络链接的产业链发展模式。并根据供应链中企业的交易关系和行业特点制定基于货权及现金流控制的整体金融解决方案。

天津要打造北方物流中心。重新审视调整实施京津冀港口规划布局，采用参控股或资产重组等方式实施京津冀港口资源的重新整合，形成一体化发展思路，推进城市、港口、临港产业互动发展、协同发展，减少区域竞争，加快北方国际航运中心和国际物流中心的建设，形成以天津港为中心，北部为秦皇岛港、唐山港，南部为黄骅港，南北两翼共同发展的和谐有序的发展格局。满足京津冀一体化发展需要。京津冀的港口要以既有的规模为基础，在一体化统筹下寻求延伸服务、创造服务增值、建设物流服务系统，并带动依托城市服务业的提升与发展，推进首都生态圈的良性循环。

河北省要成为物流产业链中物流园区、仓储、加工基地。河北地区地域广阔，资源丰富。相对于京津来讲，土地、人力等资源价格较低，河北要充分发挥优势，特别是抓住北京地区非核心功能疏解的机遇，大力发展商贸物流产业，加大冷库、仓储、流通加工等设施建设，既可以带动就业，也可以填补退出钢铁等高耗能产业带来的影响。

四、京津冀物流产业链与高等教育合作模式

（一）打造嵌入式产业链合作模式

所谓嵌入式产业链合作模式是指利用京津冀地区港口、航空等物流节点众多的优势，积极嵌入区域物流网络，增强与物流节点城市的协作，在信息共享、联运等方面与其他物流园区形成联动发展。天津港物流发展有限公司是天津港整合内部物流资源、实施产业化经营而打造的唯一全资综合性物流公司，注册资本6.67亿元人民币。天津港物流发展公司先后在唐山丰润、廊坊霸州等地设立了物流中心，此票业务的成功操作，也将成为天津港物流发展公司与各无水港、物流中心等物流功能、模式对接的复制蓝本，具有重要的示范意义。北京平谷国际陆港是天津港（集团）有限公司在北京地区参与投资的唯一"子港"，作为天津母港在北京的码头线延伸或直属后方堆场，是集货物集疏、储运、包装、理货、配送、签发提单等港口功能于一体的内陆口岸型陆港。北京平谷国际陆港实现了天津港与北京国际陆港的直通，直接面向国际国内市场发挥物流口岸功能。京津两地海关、国检部门共同协作，创新通关监管模式，北京由该陆港进出"海"的货物将一次性办结所有通关监管手续，极大地加快了通关速度，提高了物流效率。通过嵌入式的物流产业链合作模式在优化区域经济结构、加强区域经济合作、推动京津经济一体化进程等方面产生重要的推动作用。

（二）打造连锁式产业链合作模式

物流产业是规模经济效应明显的产业，连锁则是产业扩张的重要形式。产业链整合是指通过产业链来实现公司之间、公司和经销商之间的关系和制度安排，进而实现产业链内部不同经济活动和不

同环节间的协调,是企业根据经济环境的变化对分工制度安排进一步整合的过程。产业链整合并不是所有的环节都自己去做,而是组成很多合作伙伴,让合作伙伴一起来做。优势企业可以输出人才、技术、品牌、模式等。通过连锁式产业链合作模式,可以实现河北、天津的产业资源优势与北京的商业资本、网络优势的互补、共享,产品和网络、资源与市场的联手与联盟,从而带动物流一体化发展。比如新发地批发市场,2010年4月新发地签约落户河北省高碑店市。高碑店新发地项目总投资达54亿元,占地2081.3亩,总建筑面积约160万平方米,园区总面积比北京新发地还要大出近300亩,并且还预留了5000亩耕地可拓展。园区分设5个交易中心和6大批发市场,整个项目建成后,河北高碑店新发地将拥有固定摊位5000多个,仓储能力达60万吨,可实现农副产品年交易量100亿公斤。尽管北京新发地对北京市的作用不容小觑,但作为批发市场,巨大的进出货交易量所带来的交通、环境等负面作用也不容忽视。因此,新发地市场不是选择搬家,而是将通过一批重点项目建设升级。不过,为缓解压力,新发地将把低端蔬菜零售等部分功能挪到河北高碑店等北京周边市场之外。

通过这种连锁式的产业链合作机制,建立了农产品物流产业链条,北京负责销售,河北则主要从事农产品的生产加工。既保证了蔬菜供应,还能带动当地农业产业链的发展以及园区周边其他配套产业的兴起,解决当地就业问题。

(三) 利用整体搬迁形成产业链合作模式

在京津冀一体化上升到国家战略的背景下,北京市的核心功能为政治中心、文化中心、国际交往中心、科技创新中心。这就要求"十三五"时期北京商贸流通行业发展过程中需要适应这一改变,并且制定出台相应的政策措施,进行批发市场和物流基地的调整疏解。现有批发市场和物流基地的模式、格局和机制，在某种程度上加剧了"大城市病"，为了更好地服务北京核心功能，有必要对现有的批发市场和物流基地进行调整疏解。外迁不能急于求成，需要经历很长时间，不仅企业需要选址的时间，商户也需要认可的时间。商户对于区域位置、环境条件等方面有时比业主方还要苛刻。调整疏解要立足京津冀一体化，以规划调整市场转型升级、关闭搬迁低端市场，通过专业市场园区创新发展、示范带动、转型升级，通过电子商务应用，包括物联网、多式联运等推动市场升级，通过严格的交通整顿、市场监管倒逼升级，以商流物流分离推进批发市场升级，这就要求在形成高效有序的京津冀物流产业链条。通过北京市的品牌联动、电子商务，河北天津的物流仓储基地等既能将物流、仓储加工等物流产业链条疏解出北京，也能通过电商、品牌等满足北京市流通功能需要。既带动河北天津当地经济发展，同时可以服务北京居民的正常生活需求。例如加强环北京的香河、三河、涿州等地，大红门批发市场、动物园批发市场整体迁移至河北白沟和永清，在这些地方建立产业与商业的结合，进一步提高北京的经济辐射力。同时考虑环北京贫困带的发展需要，利用北京强大的消费需求，带动这些地方的农业、轻工业发展。

五、京津冀高等教育与物流产业链协同发展的政策建议

（一）成立京津冀物流研究院，打造京津冀物流一体化发展的智库和人才摇篮

北京市具有无可比拟的科研、高校优势，应成立京津冀物流研究院，在京津冀地区交通、物流、电商规划、合作机制、利益分配等方面进行深入研究，为京津冀一体化提供智力支持。培养高级物

流管理人才，加强干部、企业人员培训。加大物流一体化技术研发力度，为一体化提供技术支撑。

（二）支持成立物流产业链合作基金，为物流一体化提供金融支持

北京市应该率先提出打造京津冀物流产业链的概念，重点发展总部经济、物流金融、物流信息平台、物联网等，成为物流产业链的头脑和心脏。将仓储、车辆运输、流通加工等物流基础产业转移到天津、河北等地。

（三）打造北京的嵌入式空港、港口，高端产品集散枢纽

北京是一个内陆城市，可以与天津等港口进行合作，打造嵌入式的陆路港口，打通直接通关模式。要与天津、河北等形成空港嵌入发展模式。形成大宗的、集散型的商品以河北、天津为枢纽，高附加值、高技术型的高端商品以北京为枢纽。

（四）打通单品全产业链物流，打造京津冀物流合作的产业链机制和模式

根据京津冀现有产业基础和优势，应大力延伸农产品、冶金工业、化学工业、能源工业等产业的生产链条，提高产品附加价值，促进京津冀不同城市不同发展水平区域能够在不同的产业链环节获得各自的经济利益，在延伸产业链条中寻求更多的分工与合作机遇。

第十章 发达国家区域高等教育与产业协同发展的经验借鉴

一、发达国家城市群产业链与高等教育的协同发展的启示

(一) 问题的提出

城市群是国家或区域参与全球竞争与国际分工的地域单元,深刻影响着一个国家的国际竞争力,乃至全球经济格局。产业链是各产业之间基于一定的技术经济关联,依据特定的逻辑关系和时空布局关系客观形成的链条式关联关系形态(龚勤林,2004)。城市群产业链实质上就是建立在社会分工和供需关系基础之上的一种产业生态图谱,是将不同城市的战略产业有机链接在一起的产业链。城市群产业链的发展离不开高等教育的支持和支撑。随着大学职能的演变,高校与区域之间的协同发展体现出了强烈需求与明显特征,高校与区域发展日益形成对于双方都是必要的共生关系。(倪好,2014)知识经济时代的信息技术产业、创意文化产业等新兴服务业更是与提供人才和技术的高等教育密不可分。(S. J. Herstad and B. Ebersberger, 2014) 城市产业链与高等教育联合或协同发展成为世界高等教育发展的一种趋势。纽约城市群、东京城市群、伦敦城

市群是世界知名的大城市群,其产业结构升级和产业链协同中都离不开众多高校和科研机构等高等教育的作用。我国正在推进京津冀协同发展,在三地产业链协同发展中,高等教育具有重要的支撑和引领作用。京津冀地区集中了大批高等学校特别是高端人才培养和科研处在前沿的高等学校,如何结合北京部分高校、医院、科研院所等的功能疏解,寻求效益最大化和新的战略空间;如何在产业链分工中充分发挥高校的作用,提高京津冀高校的专业群和产业链之间的匹配优化,为经济发展、产业结构调整和企业的升级改造提供广泛的技术创新、优质劳动者、熟练技工和各种专业技能型人才的支撑,值得深入研究。那么,世界都市圈中高等教育在区域产业链协同的功能定位如何,他们在构建和发展区域高等教育过程中的哪些经验可以借鉴,本研究将进行深入分析和探讨。

(二) 世界主要城市群中高等教育在产业链协同发展的作用

大城市群(Megalopolis)是法国地理学家戈特曼(1961)在《城市群——城市化的美国东北海岸》一书中首先提出的概念。国际公认以纽约、伦敦、东京、巴黎等为核心的都市圈城市群,以其人口规模宏大、地域广阔、经济和要素集聚度高、国际交往能力强,汇聚当今世界最大财富和最先进生产力,成为世界经济发展的重要"引擎",在城市经济和全球经济竞争中扮演着重要角色。都市圈内部伴随着城市群的发展,城市间产业分工开始向产业链分工方向发展,城市间形成合理的产业协作体系。从纽约、东京、伦敦、巴黎的规划、发展过程中可以看出,准确的产业定位,并遵循市场经济规律要求,不断进行产业结构优化配置和建立有效产业链,是其形成的必要条件。各城市按照产业链的不同环节进行专业化分工,形成不同类型和层次的城际产业链。城市间基于城际产业链,尤其是城际战略产业链的分工协作关系加快了城市群产业一体化的进程。城际战略产业链的伸展方向以及各个环节的价值创造过程在不同城市中展开，各个城市及其相应的产业成为城际战略产业链条上的一个个节点，能够促进城市群经济系统与空间系统的协调发展。纵观发达国家城市群在产业链分工形成过程中，高等教育资源发挥着双向聚集溢出效应。学科—专业—产业链的构建是区域高等教育服务经济社会的有效载体，也是教育与经济、大学与企业合作的新模式，必将在推动区域经济社会发展、提升产业层次中发挥重要作用。高等教育与区域经济社会的密切结合，在区域经济社会发展和繁荣中得到发展。当高等教育知识集聚到一定程度，必然会向城市产业强烈辐射，使知识的集聚效应转化为溢出效应。这种效应表现在区域高等教育的人才培养、知识创新、文化传承、社会服务对其区域和整个国家发展产生的辐射和影响。一个城市区域发展高等教育，不仅对本区域具有很大的益处，而且会外溢到相邻城市、区域或整个国家，对相邻城市、区域或国家的发展都具有很大的益处。随着区域间高等教育相互开放、彼此合作、优势互补、共同发展，区域高等教育的溢出效应会不断扩大和增强。另外，城市化的过程主要是城市产业结构不断升级换代、适应经济增长需要的过程。产业结构的优化和升级主要通过提高产业的技术含量和技术层次来实现，因此对高校和科研机构的知识、技术和人才形成很大的依赖，在高校与城市之间建立伙伴关系成为双方合作的主要途径。城市群内区域产业链与高等教育区域发展紧密对接，是城市群发展的重要规律。

1. 纽约城市群产业链分工与高等教育协同发展

纽约城市群的中心城市是纽约市，其空间结构与产业分布表现出非常明显的层级结构特征。纽约市金融、服务业发达，为城市群的发展提供了经济依托。在纽约市的影响下,城市群的其他城市都发展了各自极具地方特色的主导产业,形成了分工明确的产业链发展体系,如波士顿的主导产业是高新技术产业,费城是重工业,巴尔的摩则是军工业,而华盛顿作为美国的首都,是城市群乃至全国的政治中心。尽管这些城市的主导产业都是相对独立的,但在城市群的大环境下,城市的职能互相叠加并成倍放大,构建了功能综合且多样的城市群产业链结构。纽约城市群的整体空间格局以纽约市为中心,其他四个大城市为节点,以交通网络系统和产业为联系纽带,形成层次鲜明、结构清晰、功能完善且产业高度集聚的城市集群产业链体系。波士顿集中了高科技产业、金融、教育、医疗服务、建筑和运输服务业,其中高科技产业和教育是波士顿最具特色和优势的产业,20世纪50年代后,沿波士顿附近128号公路形成了与"硅谷"齐名的高科技聚集地,成为世界著名的电子、生物、宇航和国防企业中心。以波士顿为核心,加上纽约、华盛顿等地的高等教育为纽约城市群的产业链协同发展和转型升级提供了大量的技术创新和人才支撑。

2. 伦敦城市群的产业链与高等教育发展

伦敦城市群发展得益于知识密集型服务业的聚集,先进生产者服务业在城市间的重新分工,核心城市的外围聚集了一些专业化程度比较高的产业,如IT、法律等服务产业创意产业,形成了新兴产业链生态体系,其中伦敦城内密集分布了伦敦经济学院、牛津、剑桥等大学,这些高校和产业发展高度融合,成为伦敦城市群新兴产业链中的重要组成部分,为大伦敦都市经济注入了新活力。

3. 东京都市群的产业链与高等教育发展

日本东京城市群由东京、名古屋、大阪三大都市组成,包括东京、横滨、川崎、名古屋、大阪、神户、京都等大城市。东京是日本的政治、经济、文化、教育中心和交通枢纽,依托日本三湾一海的东京城市群是世界上人口密度最大的国际都市圈,集中了日本80%的产业、60%的城市人口和40%的高等教育人才。在日本东京城市群发展过程中始终伴随着对高等教育资源的优化配置。以筑波大学城建设为主要内容的副中心建设,既疏解了人口,也形成了与东京城区相关的产业链配套体系。

4. 巴黎城市群的产业链与高等教育

巴黎集中了众多的国际企业和高级研究机构,进行着频繁的国际商业活动,作为世界历史名城,巴黎有着丰富的历史文化遗产、旅游胜地和丰富的都市文化生活。巴黎产业部门齐全,奢侈品生产是巴黎工业的一大特色,在工业生产中居第二位,产品有贵重金属器具、皮革制品、瓷器、服装等,巴黎的金融、保险、商业、会议博览和旅游业都很发达,第三产业就业人口占巴黎就业人口的70%。巴黎又是世界公认的教育和文化之都,大量的科学机构、研究院、图书馆等分布于全市的各个角落。巴黎在拥有世界排名前列的大学数量上比任何其他城市都要多。正是城市群的高等教育资源为巴黎城市群的产业链集群提供了大量的支撑,巴黎地区的高等教育也根据产业结构的不断调整进行资源配置,形成了互相支撑的共生体系。

5. 洛杉矶城市群的产业链与高等教育

洛杉矶城市群是美国第二大城市,以洛杉矶为核心的南加州城市群同样为美国第二大城市群,作为美国第二大城市,洛杉矶理所当然地也是一处产业中心。就规模来看,财富500强中,有23家左右的企业总部坐落于洛杉矶。拥有著名的好莱坞与一些知名新兴IT企业。洛杉矶是全球科研产出最强大的城市之一,南加州仅洛杉矶一座城市,既拥有数所世界顶尖研究型大学,又有不少研究型大学及社区学院,人才源源不断。

表 10-1 城市群内产业链分工及高等教育作用

	主要产业链	高等教育作用	高等教育聚集地	代表性聚集点
纽约都市圈	费城的国防、航空、电子产业,巴尔的摩的矿产业和航运业,纽约金融中心	波士顿集中哈佛等世界名校,高新技术和教育业相当发达	波士顿	波士顿郊区的128号公路两侧
伦敦都市圈	银行、保险(放心保)等金融服务业和创意、教育、文化、旅游产业中心	伦敦市高校为创意产业、金融产业等提供了大量的人才和产业服务	伦敦市	外伦敦地区的创意产业
东京都市圈	日本最大的金融、工业、商业、政治、文化中心,实现了城市发展的多核心化	多摩地区为东京都高科技产业、研究开发机构、商业、大学的聚集之地。茨城区域形成了以筑波科学城为主体的大学和研究机构集聚之地	筑波大学城	
巴黎都市圈	巴黎作为中心城市聚集了商贸、会展、文化、旅游产业。东部形成化工产业、制药工业区,南部形成航空电子产业区,西郊形成企业工业区	与巴黎市区构成统一的城市体系,达到了重新布局巴黎大区产业和人口、保持巴黎国际竞争力的目的	塞尔吉新城	赛吉-蓬图瓦兹工业园区
洛杉矶都市圈	高科技产业大体有6类:飞机制造业、宇航业、医药业、电子计算机业、通讯仪器、电子元件和导弹	洛杉矶是全球科研产出最强大的城市之一,拥有数所世界顶尖研究型大学,另有不少教学型大学及社区学院	洛杉矶	硅谷

第十章 发达国家区域高等教育与产业协同发展的经验借鉴

(三) 世界主要城市群中的产业链与高等教育协同发展模式

1. 产学研联合体推进高等教育与产业链协同发展

在城市群发展过程中，把高校的教学科研、企业的生产经营、产业的转型升级甚至政府监管、金融服务等整合协调起来，形成了独具特色的产学研联合体。产学研联合体推进高等教育与产业链协同发展。这种产学研联合体可以是园区，也可以是产业聚集区等。美国的波士顿—纽约—华盛顿城市群，主导产业包括高科技产业、金融业、创意产业、制造业、现代服务业等优势产业集群，合理的地域分工格局和产业链形成，成为纽约城市群持续发展的基础和保障。纽约城市群的四个核心城市分工协作明确、功能定位合理，使得区域内的产业结构出现多元化和互补性强的格局。同时，城市群内各个区域的经济发展路径是根据与核心城市的关联度而定的，并最终形成了不同产业集群的空间组织形式。纽约城市群产业结构调整的整体效应，表现为城市群内已经形成较为合理的产业结构和区域分工格局，群内的中心城市以其科技、资本和产业的优势，在产业结构调整中起着先导的创新作用，通过合理的产业结构调整，既成功地增强了中心城市的实力和地位，也使周围地区获得了良好的发展契机。与上述产业链发展相共生的高等教育集群拥有雄厚的人力资本、科技资本和智力资本，有力地支撑了区域的科技创新能力和经济社会发展水平始终处于全美乃至全世界的领先地位。该城市群汇集了哈佛大学、耶鲁大学、普林斯顿大学、麻省理工学院等世界一流大学，同时也拥有众多地方研究型大学和社区学院。美国的洛杉矶城市群等都属于产业链共生的高等教育协同发展模式。美国波士顿附近128号公路、硅谷、研究三角园等都是与这种类型的代表。

2. 高等教育疏解创新成为产业科技创新高地

一些大的城市群承担了太多的经济功能，也聚集了大量的高等教育资源，为了解决大城市病，一些城市群开始了以高等教育疏解调整带动产业链分工优化的探索，通过疏解教育资源达到疏解人口和延伸产业链的目的。日本东京城市群制造业和服务业高度聚集，人口过度集中。给东京带来了住房、交通、环境、能源供应等方面的巨大压力。该城市群也聚集了东京大学、早稻田大学、庆应大学、明治大学、法政大学等一批国际、国内知名大学。在日本中央政府和东京都地方政府的共同主持下，日本研究出台了4次"首都圈建设规划"，不断调整东京都市圈的发展战略，纠正发展中出现的问题。这些规划提出了许多重要的创新发展思路，如"副都心"思路。

早在20世纪70年代，为解决城区人口过密和功能过于集中等问题，政府就决定在东京周边的川崎、横滨、八王子等地建立15个"副都心"。比如，利用川崎临海的优势建立重化工业和仓储业基地，根据横滨的历史特点重点发展文化教育产业，八王子地区以居住为中心，优先发展商业和服务业。后来，又在东京附近的筑波市建设高科技研发基地，在葛西地区发展娱乐、体育和展览行业，以成田机场为中心发展机场经济圈等。这些"副都心"的特点是产业独立，交通方便，生活设施齐全，适合生活和就业，人们不用再涌向东京都内，从而缓解了市区中心的压力。与此同时，此"副都心"又是高等教育集中地。例如，日本的筑波大学城，设有60多个教育、科研与企业机构，拥有13000名研究及辅助人员，曾涌现出4名诺贝尔奖获得者，是日本的科研教育中心，也是日本的电子、宇航、生物技术和机器人等高技术的科研、设计和生产基地，被誉为日本的"硅谷"。多摩地区位于东京西部，距都心约30公里，通过承接来自东京区部的大学、研究机构和高科技产业转移，已发展成为东京都市圈重要的科技创新聚集地。如东京都立大学从目黑区搬到八王子市，帝京大学、拓殖大学等也在八王子市建立了新校区，推动八王子市逐渐发展成拥有22所大学、11万在校大学生的现代化大学城。立川市则承接了一批东京区部转移的研究机构,包括国立国语研究所、统计数理研究所、东京农林综合研究中心和国立极地研究所等研究机构。法国巴黎的产业链与高等教育协同发展也属于这种类型。

3. 高等教育资源整合支撑产业链发展

伦敦依托产业革命后英国主要的生产基地形成了伦敦城市群,占据了60%的城市人口和80%的经济产值,成为英国产业密集的经济核心区。以伦敦金融城为核心区的大伦敦,是如今英国银行、保险等金融服务业和创意、教育、文化、旅游产业中心。有"一平方英里"昵称的金融城,也是伦敦作为世界金融重镇的象征。伴随着工业的整体衰落,以往传统的制造业基本迁出了伦敦,甚至迁出了大伦敦地区,例如汽车业都聚集在伯明翰东南部的考文垂市。伦敦创新资源丰富,与周边城市的空间资源、人力资源等相结合,构建了具有全球竞争力的生命科学产业集群、数字经济产业集群等。伦敦城市群区域有世界著名的牛津大学、剑桥大学、伦敦大学。其卡文迪许实验室、卢瑟福原子物理实验室是世界闻名的研究中心,仅卡文迪许实验室就培养出25名诺贝尔奖获得者。英国2014年推出"医学之城"计划,以伦敦与剑桥、牛津"金三角"为核心,整合剑桥大学、牛津大学、伦敦国王学院、伦敦帝国理工学院和伦敦大学学院等高校资源,英国医学研究理事会、英国癌症研究会、维康基金会、弗朗西斯·科瑞克研究所等科研机构资源,以及以葛兰素史克、阿斯利康为代表的数千家生命科学企业,在英国东南部城市群打造全球生命科学之都。其中,剑桥桑格研究院是全球最重要的生物技术研发中心之一,剑桥科技园是欧洲最大的生物技术产业园区,全球医学和化学诺贝尔奖得主中有20%以上来自剑桥地区。

(四) 对京津冀城市产业链与高等教育协同发展的启示

京津冀地区是我国产业高度集聚、优质高等教育资源最为集中的区域,但京津冀的高等教育尚未与产业链形成良好的互动关系。这形成了两方面的问题,一方面是高等教育资源有待优化,另一方面是高等教育与产业链缺乏互动。因此,京津冀高等教育应充分发挥服务功能,借鉴发达国家高等教育与产业链协同发展的成功经验,探索协同发展的保障机制,从而走出一条特色发展道路。

1. 加快构建跨区域产业链,将产学研联合体嵌入京津冀产业链

在城市群内部,中心城市与周边城市的资源禀赋、发展基础不同,如果能够优势互补,深化基于产业链、价值链的对接合作,跨区域打造具有影响力的产业集群,对城市群的形成与竞争力的提升大有裨益。如英国中南部城市群打造了以伦敦—剑桥—牛津"金三角"为主要载体的全球领先的生命科学产业集群,以伦敦、曼彻斯特和利物浦等为主要载体的数字产业集群。京津冀地区应选择具有较好基础、广阔前景的产业领域,共同打造在全国乃至全球具有竞争力的产业集群,如打造"北京—张承—廊坊—滨海新区"大数据产业集群、"北京—石家庄—天津"集成电路产业集群、"北京—保定—天津"新能源汽车产业集群等,依托产业集群深化区域分工合作,实现区域协同发展。同时,伴随首都高校疏解,加快高等教育嵌入京津冀产业链,成为产业链共生的利益主体。

2. 着力打造疏解中心城市教育功能的集中承载地,成为高教新高地

城市群的形成,往往源于内部各城市发展阶段、发展水平的梯度差,中心城市通过产业转移、功能疏解带动周边城市共同发展,从而形成一体化区域。中心城市的产业转移、功能疏解原本没有固

定方向，周边有条件的区域都有可能承接。但为了避免资源分散化与无序竞争，也为了在较短时间见到实效，政府部门往往通过规划引导、政策引导等，推动中心城市的某类功能集中地向某一区域扩散，以便于在较短时间形成该功能发展所需要的生态环境。在高等教育发达国家中，不同类型的大学聚集在一起，互动发展，共生共荣，逐步形成"大学城"，如美国的波士顿大学城，英国的牛津和剑桥等大学城，日本的筑波大学城等。如日本的筑波科学城集中承接了东京的研究机构、高校等科教创新资源疏解，崛起为城市群新的创新高地。京津冀地区协同发展和非首都功能疏解也需要形成这样的集中承载地。

3. 整合高等教育资源，匹配产业链发展

京津冀三地经济发展水平不同，北京进入后工业化时期，天津处于工业化后期，河北处于工业化中期。但在第二产业中，特别是电子信息、医药、汽车、化工、冶金、石油等产业集群，三地的同构现象比较严重。在教育领域特别是高等教育领域，三地的互补性却比较强。北京是中国高等教育资源的"高地""首善之区"，毛入学率已经进入普及阶段，随着高校产学研结合的拓展、北京部分产业的疏解，高校的孵化器、科技园、研究院等需要寻找新的物理空间；天津的普通高校数量不多，但承接对接转移的教育基础、资源基础条件比较好；河北高等教育学龄人口多、毛入学率低，适宜承接北京的大学城建设，天津则应以承接北京高校的科研功能、产学研机构转移为主。大学城建设是高等教育集约化发展的有效途径，也是城市和区域发展的重要助推器。在新的发展时期，要适应高等教育和区域经济社会协同发展的趋势，很有必要建设多座与城市群产业链相匹配的现代大学城。

二、美国"研究三角园"对京津冀高等教育与产业协同发展的启示

美国是高等教育发达的国家,也是产业链中产学研协同发展较好的国家。美国出现了"硅谷""128号公路""研究三角园"等高等教育与区域产业链协同发展的创新基地,成为世界各地推动协同创新、促进区域发展的典范。目前北卡罗来纳州"研究三角园"(RTP)是世界上最大的科技园区,也是高校与地区产业链实现协同创新发展的后起之秀,与硅谷、得克萨斯研究院并称为美国三大科研中心。本研究分析了"研究三角园"的现状、高等教育区域合作与产业链协同发展的模式及关键因素,最后提出了对京津冀高等教育与产业链协同发展的启示和政策建议。

(一)北卡罗来纳州"研究三角园"的现状

北卡"研究三角园"位于北卡罗来纳州罗利、达勒姆和查珀尔希尔三个主要城市之间的交接地带,被北卡罗来纳大学教堂山分校、北卡州立大学和杜克大学三所知名大学环绕,形状类似一个不规则的三角形,被称为"研究三角园"(RTP)。"研究三角园"是美国最早、规模最大的研发产业园,是美国制造业向高端转型的代表,堪称美国区域性高等教育与产业链协同发展的典范。园区成立于1959年,占地面积约4.25万亩,在现代医疗健康、农业生物技术、分析仪器、生物制剂与传染病、物流、纳米技术、环境科学、信息技术等领域处于领先地位。

目前"研究三角园"总共有200多家企业,其中有170多家是世界顶尖级的企业,包括著名的国家环境卫生科学研究院、北卡生物技术中心、微电子研究中心以及GE、IBM、思科和杜邦等大型跨国公司的科研机构。园内除一些大型高科技企业外,还有着大量的

第十章 发达国家区域高等教育与产业协同发展的经验借鉴

小型研发机构。园区内大约有 2200 万平方米的发展区域以及 26 所综合性的办公楼，同时还有 4 个孵化器。这些企业中，40% 是生物企业，另外还有 20% 是信息科技企业，如 IB、思科。同时还有其他一些企业，如基金、材料科学、环境科学、工程类、金融服务业等。

"研究三角园"现已是全球最具活力和竞争力的地方。目前园区内大约有 180 万居民，就业率相当高，且 47% 的上班族具有本科学历，其中有些获有更高学历。同时，"研究三角园"是美国合同性研究机构密度最高的地区，每年联邦政府投入的资金高达 20 亿美元。"研究三角园"在经济发展、社区建设、教育培训、专家培养等方面都取得了显著的成果，经济结构逐渐高级化，高收入人口比例增加，园区多次跻身《财富》杂志的"企业最佳发展城市"和"全美最佳生活区"。

（二）北卡罗来纳州"研究三角园"的高等教育与产业协同发展分析

1. 政校企合作，奠定园区与区域产业链持续协同发展基础

20 世纪 50 年代，北卡罗来纳州在美国是个经济落后的农业州，烟草和纺织服装据称是该州两个最大的产业。然而，随着美国经济结构发生变化，烟草和纺织服装行业开始走下坡路，"研究三角园"所在地区的失业率大幅度上升，当地政府为激活当地经济和增加就业采取了多种措施，但却收效甚微。北卡罗来纳州尽管一直以农业经济为主，但教育却相当发达，北卡罗来纳大学、北卡罗来纳州立大学和杜克大学均属美国最好的研究性大学。因此，政府和一些企业、私人机构以及学校联合起来，想通过校企合作促进地区发展。因此，成立了"研究三角园"。随着时间的推进，这三所大学的毕业学生都来到了这个三角园区工作，城市也逐渐发展壮大。

园区起源于政校企合作。政府非常重视三所大学在经济发展中的作用，利用得天独厚的教育资源，以"研究三角园"为框架，以该地最著名的三所研究型大学（达勒姆市的杜克大学、罗利市的北卡罗来纳州立大学和北卡罗来纳大学教堂山分校）为支撑点，形成"三角形"布局。这种设计理念使得园区与三所大学之间距离最小化，同时毗邻东海岸线，园区铁路、高速、公路、海运等交通极其便利。地方政府对园区附近的大学、园区内的基础设施、孵化器、非盈利机构等也进行了大量的投入。在政府的宣传和帮扶下，园区通过降低企业成本等举措吸引大型企业、研究机构入驻。

研究三角园一开始就积极推动高校融入区域产业结构调整升级，不断延伸现代生物、计算机网络等新兴产业产业链。在三角研究园内，产业链的上下游、研究机构与生产企业、不同领域的协作伙伴以高度紧密的方式进行协作，园区内某一个企业的创新有可能带动产业链上下游的全面跟进与提升。在三角研究园，不同企业、高校之间分享知识、紧密协作、共同创新，政校企合作，奠定了园区与区域产业链持续协同发展基础。

2. 校企互动，区域联动，实现教育与产业链协同创新

"研究三角园"的成功源于以市场为导向的校企互动，构建全新企业与学校合作伙伴关系，实现了教育与产业链协同创新发展，高水平的研究型大学及其周边的社区学院和技术学院等为研究三角的成功提供了丰富的智力和技术资源，实现了优势学科与区域支柱产业无缝对接。例如，杜克大学以电子工程和生物医学为强项；北卡罗来纳州立大学有上百个专业，其中工程类专业，如核能工程、工业与制造工程专业在全美大学名列前茅；北卡罗来纳州大学教堂山分校的商学和新闻学等备受学生青睐。"研究三角园"的成功之处在于它集合三所高校的优势学科来吸引相关企业入驻，这是一种企业选择学校而不是学校挑选企业的过程。企业与学校之间协同研究的领域正是区域明显的优势。而加上许多高新技术中小企业是从

作为智力资源密集的大学或科研院所直接繁衍而来，因此它们一出生就与这些机构有着千丝万缕的天然联系，这使得高新技术产业集群内部各行为主体之间的联系也比较密切。

园内高校的人才和专业优势成为吸引研究型企业的"传感器"，也成为"研究三角园"实现产业链转型升级的重要原因。企业充分利用高校的人才和技术优势实现产品的创新和技术的改造，高校与区域的协同创新成为新时期"研究三角园"不断走向辉煌的关键路径。大学、公司实验室间的合作使"研究三角园"成为美国东部技术上的领跑者。1959年研究三角园区挂牌时，园区委员会把化学、纤维作为发展重点。60年代中期后，电子业成了高新技术的代表。1965年IBM公司加入后，园区进入快速成长阶段。80年代，进一步明确把微电子和生物工程视为最有前途的技术领域，并确定了集中于这些核心产业的"产业集群"发展战略。90年代，随着网络工程和生物技术蓬勃兴起，"研究三角园"立即赶上这一时代潮流，经过50多年的建设，该地区成为全球生物技术、信息技术等研发中心。

3. 多方合作构建产业链生态系统

拥有大量高科技人才和创造良好的生活居住环境是吸引大企业的重要资源。在政府支持下，为园区建立了大量生活、娱乐及配套设施。政府与基金会合作投入，分担园区内的道路建设成本。政府下属的小企业管理局专门为小型企业提供贷款担保和其他金融服务，并对入园企业提供10万~50万元的低息贷款，年限长达7年，针对过去主要侧重引进大研发项目而忽视创新科技企业的不足，"研究三角园"在20世纪90年代初启动了科技企业孵化体系，目前已孵化出1500多家创新企业。

北卡罗来纳州的低消费水平和紧密的社区合作氛围，提供了高质量有价值的操作交流平台和稳定的科研环境,以及交通便利、环境建设齐全、完善的教育培训体系。从行业构成看,最大的是生物技术和制药产业,其次是信息技术和软件,其他包括仪器与先进材料企业、清洁与绿色技术公司、专业服务与管理顾问公司等。同时,园区内相关的政府机构、基金会、研究所、科技协会等非营利组织,构成完整的产业生态系统。

(三)"研究三角园"高等教育与产业链协同发展的关键因素

1. 高等教育与产业链协同创新管理机制:非盈利的基金会

"研究三角园"在管理上实行的是政府主导,政、校、企联合管理的模式。通过第三方组织——基金会实现联合管理。北卡罗来纳研究三角园基金会(Research Triangle Foundation of North Carolina)是由政府、大学、企业及行业领袖联合成立的非营利机构。在管理方式上,基金会由政府、学校、企业等各方代表11人组成理事会,主要负责园区的建设、维护与管理职能,以吸引和留住企业。基金会将政府、高校、企业组织在一起,共同商议决策、规划"研究三角园"未来发展蓝图。这种管理模式,既能保障园区稳定的创新和创业环境,又使得园区内部企业和单位具有很大的自主权,为高校与区域自由合作扫除障碍。同时,基金会下设有附属公司,辅助其对"研究三角园"进行管理。例如,"研究三角园"作为基金会的附属公司,也是园区的商业、娱乐休闲、咨询服务中心,园区内舒适便利的工作、休闲的娱乐环境以及优美的自然环境使得研究三角成为"美国最适合居住的地点"之一。园区的大学安置服务中心(University Placement Services)为即将毕业的学生与用人单位提供中介服务,是连接高校与用人单位的重要纽带。还设有大量的非营利性研究所,主要开展高校与企业之间的交流和新产品研究等工作。

2. 构建学科—产业—园区协同发展机制:产—校—园—城四位一体融合发展

大量的教育和科学研究机构保证了园区拥有丰富的人才储备,也是园区产业集群持续发展的推动力。园区汇聚了多所高校,恰好位于罗利(首府)、达勒姆和教堂山三个城市的中心点上;这三个城市中的每一个城市都拥有世界级的研究型大学,大学是园区维持快速与持续发展的基础。"研究三角园"内各个高等院校都具有自己的优势专业和学科,这些学科又与园区发展结合起来,与园区内企业的产业有较高的匹配度。"研究三角园"的成功之处在于它集合三所高校的优势学科来吸引相关企业入驻,这是一种企业选择学校而不是学校挑选企业的过程。企业与学校之间协同研究的领域正是区域明显的优势。园区内制药、健康服务和医疗设备类企业是最多的,总数超过了35家,雇佣员工接近7000人。这样的高集中度反映了杜克大学和北卡大学等地区院校的科研实力,这两所学校都开设医院、医学院、护理学院和生物医学相关研究项目。园区第二集中的产业是IT、计算机和电信业,超过25家企业,共雇佣2万余人。北卡州立大学和杜克大学的工程学院以及北卡大学的计算机科学系都吸引着企业来到这里。三角园中的其他产业,比如环境科学和生物机构,也占有重要比例,也反映了该地区高校在这方面的实力。

相应的,大学也像企业一样,很重视与"研究三角园"内企业的关系。超过85%的高校校长把"研究三角园"的企业看作毕业生就业机会的重要来源,接近70%的校长认为"研究三角园"的企业是学生实习和教师专业培训的重要地方。同时,近一半的校长把"研究三角园"内企业看作学校访问学者、支持资金和科研经费的重要来源。大学根据市场的实际需求进行科研攻关,研究出的科研成果迅速移交给专门的研发机构进行开发，开发出的新产品很快移植到企业，生产出的产品便成了高科技产品。这种结合不仅成果快，开发周期短，而且都是高技术产品，经济效益非常好。各大学的学生，有不少在学习期间就在园区内科研机构的工厂实习，毕业后往往就被有关科研机构正式吸收为科研人员。园区内，接近90%的公司表示与周围大学建立正式或非正式的关系：如超过80%的园区公司重视从周围大学的毕业生中挑选员工；并且，超过70%的公司重视员工的课程和培训；其他的校企合作形式也是被重视的，包括文化、社会方面的合作机会、咨询等。

经历50多年发展后，"研究三角园"正在制订新的发展计划。在新的总体规划中，最重要的理念是要打造一种新型的"创新社区"，即创造一个不仅创新公司愿意在此落户，而且人们愿意在此居住生活的地方。为此，园区将打造成多用途中心，不仅是公司办公和研究的基地，也提供零售、酒店和住宅设施。这种宜居宜商的创新社区，在美国和其他一些国家已经日趋流行。

3. 创建多元文化氛围，提升高校创业能力

"研究三角园"具有和谐多元的创新、创业文化环境，被誉为是"最适合商务的地区""最令人兴奋的城市"之一。成立之初，就敞开大门吸引各国和地区的研究型企业入驻，高校与区域之间合作、竞争的意识成为引领区域创新发展的重要文化环境。

高校在与企业合作的同时，也不断挖掘自身的竞争优势，产生了一大批高校企业（Spin-out Companies From Universities）。据统计，2003年三所高校创立了大约20多家企业，大多涉及自主研发的核心技术和专利产品。许多高校拥有自己的风险投资公司、创业基金等，针对有价值的科研成果进行专利保护和风险投资。高校创业的形式在研究三角非常普遍，包括技术转移公司、产品研究中心和小型公

司等，为推动区域协同创新添上了浓墨重彩的一笔。大学不断向"研究三角园"输送优秀人才和优质项目。大学毕业生在当地创立了众多企业，大学研究项目又催生了不少初创企业，为创新经济的发展不断提供新鲜血液。

建立于大约30年前的北卡州立大学百年纪念校区，既是大学的一部分，同时也是顶尖的科技园区，这里不仅有庞大的工程学院以及纺织学院，还有60多家企业。该校区本身就是学界与产业界成功结合的产物。ABB集团美国公司研发中心就设立在这个校园内。为便利与产业界合作，两年前，北卡州立大学成立"跳板创新中心"，作为发展校企合作伙伴关系的中枢与入口。该创新中心就像酒店的前台，旨在为那些来自大学以外的人提供"一站式购物"的支持，让他们知道如何与北卡州立大学合作。北卡州立大学支持师生创业，迄今已经创立100多家企业，资本投资超过15亿美元。目前，该大学每年大约新创立8至10家公司。1987年，由该校工程学几位博士生创立的科锐公司，如今已经成为发光二极管（LED）灯泡的大型制造商。另外，大型软件公司SAS也是由该校统计学教授和研究生建立的。

园区还为刚起步的创新企业提供孵化器服务。在这个园区中，有4个孵化器，园区负责管理的是第一个（Park Research Center），提供基金支持，其他三个是独立的孵化器，也就是由企业独立运作的公司。第四个孵化器是一家国际企业在运营的，专注于在生命科技方面孵化的事情。此外，园区设有"北卡生物科技中心"与"北卡超级计算机中心"，前者由北卡州成立，对园区内生物科技相关厂商提供庞大的、创造性服务。州政府和地方政府一般不对项目进行直接投资或管理，而是委托资信等级高的专业机构进行运作。

4. 多渠道筹集资金，提供创新动力支撑

高校与区域实现协同创新，不仅需要人力、物力、技术的支撑，还需要大量的经费投入。高科技产业具有高风险、长周期、高收益的特性，因而资金是决定协同创新成功与否的决定性因素。联邦政府也加大了对"研究三角园"高校和企业创新发展的资助。为帮助一些新创小型科研机构开展业务，政府下属的小企业管理局向在园内开业的小企业提供贷款担保及其他金融服务。此外，当地州政府对到园内开业的企业提供10万到50万美元的低息贷款，贷款的期限长达7年，贷款年利率仅为政府债券利率的一半或为固定的5%。

另外，风险投资公司、独立基金会、私人募捐等也为园区高校人才培养和技术转移提供了大力支持。美国规模最大的上市投资公司黑石集团（Blackstone）旗下的黑石慈善基金会联合"研究三角园"的高校——杜克大学、北卡罗来纳中央大学（North Carolina Central University）、北卡罗来纳州立大学和北卡罗来纳大学教堂山分校，投资363万美元，成立"黑石企业家网"（Blackstone Entrepreneurs Network，BEN），致力于打造将创新思想推向市场的动态区域网络，提高区域的创新活力。BEN通过老牌"大师企业家"为研究三角进行市场定位，挖掘高校与新兴企业之间的连接点，将校企的优势和需求在网络上分享，帮助新兴企业实现跨越式发展。同时，BEN像一个资深的导师，为学生和教师提供了自主创业的知识、技能、基金和网络（如黑石校友网）。

（四）对京津冀区域高等教育与产业协同发展的启示

1. 充分发挥政府作用，引入第三方管理模式

"研究三角园"实现高校与产业协同发展的重要原因是非盈利的管理基金会。在"研究三角园"，有大量的非盈利组织活跃于其间。这些非盈利机构大多拥有高素质的专业人才，成为盈利组织、科技团体与政府之间不可缺少的桥梁。非盈利机构"研究三角园基

金会"就是其中之一。基金会负责管理和指导研究三角园的建设和规划,对园区内各单位的内部事务无权干预。正是基金会成为政、校、企合作和园区建设的助推器。目前,京津冀区域高等教育与产业协同发展口号大、落实少,关键的原因是缺乏有效的模式和机制。因此,在推动京津冀协同创新过程中,区域首先要明确定位,建立创新机制,设计未来发展模式,借鉴第三方管理模式,带动京津冀高等教育与区域产业链协同发展。

2. 明确定位加强优势合作,坚持优势学科与区域支柱产业无缝对接

"研究三角园"的创新依赖区域内三所研究型大学的学科专业优势。三所高校突出的学科优势,成为吸引企业寻求合作的重要根源。目前,京津冀大部分高校与区域内行业企业合作的领域非常有限,根源是很多高校在专业和学科建设上求多求全,缺乏明显的优势学科、专业,没有形成与产业链发展协同的优势学科和专业,企业的需求得不到满足。高校在抱怨协同创新困难的同时,首先要考虑自己的优势何在,深入挖掘专业学科优势,加强优势学科的建设,结合区域支柱产业重点培育拔尖创新人才,建设与区域支柱产业相关的专业链群,为协同创新搭建桥梁。

3. 创新财政科技经费投入模式,多渠道筹措资金

京津冀高等教育与区域协同发展面临的较大问题就是资金投入分散。三地政府之间、各高校之间、不同行业之间没有形成统一的经费投入渠道。京津冀高等教育协同发展首先要创新财政科技经费投入模式,建立京津冀协同发展专项研究资金,扶持京津冀高校协同发展的重大项目。将各个部门、各个行业、各高校在京津冀协同发展方面的资源进行整合,吸引社会资本投入到京津冀一体化高等教育中来,促进教育与经济、人才培养与产业升级融合发展。

三、英格兰东北部对京津冀高等教育与产业协同发展的启示和建议

(一) 英格兰东北部地区产业现状分析

英格兰东北部地区面积约 8573 平方公里（占英国的 3.5%），人口 260 万人（占英国的 4%）。英格兰东北部地区曾是英国著名老工业基地，桑德兰曾是北方造船中心，采矿业亦十分发达。纽卡斯尔曾是英国主要煤港和煤炭、造船工业中心。随着传统工业衰落，该地区采取一系列措施调整经济结构，实现城市振兴。英格兰东北部地区是除伦敦外最多科技公司落户的地区，目前该地区已聚集英国一半的化学工业，拥有英格兰最大的汽车制造商日产公司、巴斯夫（BASF）、亨斯迈（Huntsman）等大型跨国企业，并涌现出一批具有活力的新兴产业，文化艺术和旅游业也更加繁荣。

英格兰东北地区依靠其丰富的煤、铁矿资源，英格兰东北地区发展了采煤、钢铁制造、造船等传统重工业，并曾在英国经济中占据相当重要的地位。近几个世纪，该地区上述重工业逐渐衰败，其他产业虽有一定发展，但与其他地区有一定差距，经济发展日益落后于英格兰东南部等地区。目前支柱产业为汽车制造、国防工业、医药、食品和饮料及精细机械制造等。英格兰东北地区对本地区产业改造比较重视，大力支持发展新兴经济，并根据本地区科研及生产能力现状，提出了今后 5 个重点发展领域：纳米技术、光子学和微系统，数码媒体和技术，生命科学和生物技术，能源和再生能源，加工业。教育是英格兰东北部地区的一大传统优势，当地拥有多所著名大学。英格兰东北部地区的区域发展实例——低碳经济和城市重建，说明区域发展署、5 所大学（杜伦大学、纽卡斯尔大学、诺桑比亚大学、桑德兰大学和蒂塞德大学）、企业以及地方政府之间的合作关系，特别是高等教育机构通过研究、创新和技能培训促进产

业转型和使用复合型方法（跨领域）进行城市重建的重要作用[88]。要充分发挥这种合作关系对地区发展的作用，必须制定有影响力的政策举措，提升大学的能力，社区合作伙伴作用，动员和开展具有自我持续发展能力的群体或项目。

一些地区通常把高等教育看作某些特定服务的供给者，而在英格兰东北部则把高等教育作为实现知识经济、学习区域与智能社会的重要发动机，这种把高等教育与区域经济互动发展的实践值得世界欠发达地区借鉴。

（二）英格兰东北部地区高等教育与产业链协同发展现状

在新世纪，在英格兰东北部区域发展署眼中，大学无疑被当作了推动区域经济、社会创新发展的重要"发动机"和"动力源"。为了有效地发挥大学的作用，东北部发展署与东北部地区的大学常务副校长签订了合作协议。协议提出了三个目标和若干合作议题：

C1：为了发展学习型区域，双方共同致力于：扩大学习的机会；提高整个区域劳动力的知识和技能水平；帮助居民提高生活水平，使之拥有更加健康的体闲和艺术设施及良好的生活环境。

C2：为了培育新的知识型产业，双方将寻求：通过运用大学中已有的研究成果，对已有的产业现状进行改进，开发新的可持续发展产业，创造新的工作岗位；支持大学教师和学生创办新的企业。

C3：为了区域的利益而共同工作：确保能够给区域的研究与开发、学习以及社区和经济发展带来额外的回报；分享思想，增进合作。这样，在构建学习型区域和发展可持续的知识型经济的过程中，英格兰东北部的大学开始走进了区域经济社会发展的中心。

为了帮助东北部区域扭转长期以来一直存在的内生性发展不足的问题，东北部大学发挥自身在知识创新方面的独特优势，以各自的学科特长和研究资源为依托，发掘研发潜力，通过创建研究中心、咨询公司、科技园和参与重大项目建设等方式，积极参与地方产业发展，在促进地方产业的转型与升级、推动区域经济较快发展中作出了重要的贡献。

1. 桑德兰大学与所在地方的产业转型

桑德兰在20世纪中叶曾是世界上最大的船舶制造城市，但在随后的20年里，却遭受了严重的逆工业化，造船厂和矿井在90年代末相继关闭。在传统产业衰退乃至消失过程中，桑德兰经历了严峻的产业发展危机。日本尼桑汽车80年代落户桑德兰后，当地的产业发展开始出现转机。在促进地方产业向自动化产业的转型过程中，桑德兰大学发挥了十分重要的作用。1995年，在欧盟区域发展基金以及包括尼桑在内的国内外投资者的支持下，桑德兰大学设立了制造与管理成就中心。该中心主要为音控器生产企业提供包括商业分析、产品设计、成本与成绩评估以及供应链的管理等的研究与咨询服务。后来，该中心并入大学的高级自动化生产学院。多年来，高级自动化生产学院坚持为尼桑公司提供数字技术方面的员工培训和研究支持。现在，桑德兰的汽车产业已形成集群化发展格局，并成为该地区的支柱产业。此外，桑德兰大学还积极与东北部生产力联盟展开合作。东北部生产力联盟建于2001年，是一个由企业家、学者和政府机构工作人员组成的区域性联盟，旨在推进东北部区域制造业的重建，提升区域的生产力和竞争力。至2005年，该组织已负责对东北部300多家公司进行了改造。而桑德兰大学在其中发挥了不少作用：负责对一个金额达1000万英镑的国家资助项目进行清理；为联盟培训或补充有经验的员工；对区域中另外几所大学在该项目中的活动进行协调；出任联盟属下数字工厂和工程师伙伴计划的项目管理者等。最近，桑德兰大学又试图发展知识密集型的计算机产业和媒体产业，以进一步推动地方经济的多样化。

第十章 发达国家区域高等教育与产业协同发展的经验借鉴

2. 迪塞德大学与地方产业创新和经济结构多样化

迪塞德大学位于米德尔斯布勒市。该市原有的产业主要是钢铁和化学工业，经济结构较为单一。近年来，迪塞德大学利用自身在信息通讯技术和数字媒体方面的学科优势，积极帮助该市发展数字产业。2003年，在米德尔斯布勒市委员会、区域发展署、政府办公室以及私人部门合作伙伴的支持下，迪塞德大学牵头成立"数字城市"项目。项目的宗旨是在米德尔斯布勒市发展快速成长的、高水平的数字技术经济，并力求在创新方面达到世界水平。项目的具体目标是促进新的产业成长，创造新的工作岗位，提升地区劳动力的技能和成就水平，为当地居民和投资者重建环境，使东北部在急剧变化的知识经济里更具竞争力。经过短短几年的建设，该项目已汇集了游戏技术、虚拟环境、数字媒体、设计与动漫制作等领域众多的专门人才，并都得到了产业界研发经费的大力支持。每年有超过900名的学生从"数字城市"项目中学成毕业。该项目计划到2010年创建130家新的企业，创造300个新的工种。化工与加工产业是米德尔斯布勒市的传统产业，也是新时期东北部重点发展的领域。早在1990年代中期，迪塞德大学就创建了欧洲加工产业竞争力中心，为东北部的化工与加工产业提供技术支持。目前，该中心以并入新的区域加工创新中心，对本地的化工与加工产业的集群化发展继续发挥作用。

3. 纽卡斯尔大学与"科学城市纽卡斯尔"项目

纽卡斯尔是英格兰东北部区域中最大的城市，2004年获得英国政府授予的"科学城市"称号，成为英国首批6个"科学城市"之一。"科学城市纽卡斯尔"项目是对纽卡斯尔获得"科学城市"称号的响应。它由纽卡斯尔大学、纽卡斯尔城市委员会和东北部区域发展署共同组成的纽卡斯尔科学城市伙伴关系领导，并吸收了达勒姆大学和诺森比亚大学一同参与,资金总额达数百万英镑,主要从事纳米技术、生物科学、分子工程等先进领域的科学研究和相关产业的创建活动,计划在五年内新建约 100 家公司,创造约 5000 个新的工作岗位。目前,该项目一方面积极通过商业化途径,促使科学研究成果向应用方面的转化;另一方面,它试图通过发挥不同大学的不同优势,吸引更多的青年人进入科学领域学习,提高他们在科学方面学术成就的同时,努力打造一个在英国具有领先地位的科学研究与教学资源库。该项目的实施将为纽卡斯尔城市和英格兰东北部区域注入全新活力。

4. 达勒姆大学与东北部科技园

东北部技术园是达勒姆郡的一个重要的"研发园",由达勒姆郡委员会、塞奇菲尔德市镇委员会和东北部发展署于 2002 年共同发起,得到了欧盟区域发展基金和区域重建专项经费的支持。它是东北部发展知识经济的重要举措。在技术园的开发和创建过程中,达勒姆大学的作用举足轻重。大学的常务副校长和副校长担任科技园的咨询指导小组成员,大学"研究和经济发展支持服务"项目也派代表参加园行政委员会。在已有投入使用的两座建筑物中,一座是科技园研究学院,两个来自达勒姆大学的先进的研究团队已经入驻;另一座是科技园孵化器,已有三个达勒姆大学的衍生公司进入。达勒姆大学还利用与美国和欧洲一流研究中心的合作以及与全球性公司联系的各种机会,引入了不少跨国机构和公司到科技园落户。

5. 东北部大学联合会与"知识屋"

由东北部大学联合会牵头,区域中 5 所大学和开放大学北方总部共同参与开发的"知识屋"被认为是最成功的咨询公司。它建于 1995 年,最初的构想是为坐落于纽卡斯尔的中小型企业提供一个活动中心,为加入全国商务联系网的顾客公司提供技术和创新方面的

"一站式"商务支持。后来,由于"知识屋"采取了更为积极的措施,并得到了英格兰高等教育基金委员会高等教育创新基金、欧盟结构基金以及大学自筹资金的资助,因而取得了巨大的成功。现在,它与各式各样的公司展开合作,提供了从最初的接受咨询、处理咨询到最后对咨询服务所产生的效果进行的质量评估等一条龙的服务。它的业务量每年平均以大约25%的速度在增长,每年的咨询业务超千个,签订的顾客合同有200个左右,所产生的经济影响累计预计超过350万英镑,是它投资额的6倍回报。

(三)启示与建议

1. 将高等教育的发展纳入经济社会发展规划

在国家宏观布局上,要更加注重围绕国家和区域经济社会发展战略需要,适时统筹修订学科专业目录,完善学科专业和人才培养结构的区域布局。要进一步落实和扩大高校学科专业设置自主权。重点支持高校根据经济社会发展需要,自主设置国家战略性新兴产业发展和改善民生急需的相关学科专业,自主设置学科交叉融合有利于应用型、复合型人才培养的相关学科专业。要制定和完善学科专业设置、建设与评价的标准体系,针对不同专业研究制定高等学校教学质量国家标准,与行业企业共同制定人才评价标准,学校要依据"国标""行标",修订人才培养方案。通过严格标准、规范程序,提高专业设置的科学性和规范性。要建立健全专业的预警、退出机制,建立健全高校毕业生就业和重点产业人才供需年度报告制度,对连续几年就业率较低的专业,除部分特殊专业外,应调整招生计划,直至停招。

2. 高等院校研究、教学紧密结合产业发展

从学校自身来说,调整优化学科专业结构,要坚持适应社会需

求的导向，突出办学特色。学科专业是大学的基本元素，学科专业水平是大学核心竞争力的集中体现。在新设置学科专业时，要坚持增量优化，也就是要瞄准战略性新兴产业的发展、瞄准传统产业的改造升级、瞄准社会建设和公共服务领域对新型人才的需求等，主动调整优化学科专业。对现有学科专业格局，要坚持存量调整。高校设置学科专业不在多、不在全，而在特、在强。学科专业建设不只是"人无我有"，更重要的是"人有我优"或"人优我新"。事实上，世界一流大学中没有一所能覆盖所有学科专业，按美国教育部学科专业目录统计，麻省理工学院、普林斯顿大学、斯坦福大学的学科覆盖率分别为54.2%、62.5%、70.8%。而我们的不少高校往往盲目追求所谓"综合性""全科式"发展，这是值得反思的。高校要围绕办学定位和市场需求，制定学科专业建设与调整规划，构建与本校办学定位和办学特色相匹配的学科专业体系和人才培养结构，聚焦重点和优势，压缩"平原"，多建"高峰"，集中建设好优势特色学科专业群，打造并不断增强集群优势，克服专业设置的"功利性"和"多而散"。说到底，就是要以特色求发展，以特色构筑核心实力。

3. 高校—园区—社区一体化发展

为打造区域特色品牌，形成集合优势，服务产业和民生将起到积极的促进作用。对园区高校发挥自身优势，展示特色教育成果，推进教育服务于产业化的进程，服务于地方经济事业发展，也会起到更加积极的贡献。

四、日本首都经济圈高等教育协同及启示

日本首都圈包括东京都、神奈川县、千叶县、埼玉县、群马县、栃木县、茨城县和山梨县，共一都七县，圈域面积为36884平方公

第十章　发达国家区域高等教育与产业协同发展的经验借鉴

里,占日本国土总面积的9.8%。日本首都圈的发展始于20世纪50年代,随着济进入高速增长时期,逐渐形成了以东京圈为中心的一极和太平洋沿岸一轴的"一极一轴"型空间结构,这使得日本首都圈在近半个世纪里得到了迅速的增长和积累。有关资料显示,根据定义不同,东京都市圈的总人口规模可达3400万至3700万人左右,在世界上所有城市群中位居首位。就经济规模来讲,东京都市圈2008年的生产总值达160.5万亿日元,在当时大约合1.8万亿美元。这相当于纽约都市圈经济规模的1.4倍,并且可以与当时国内生产总值世界排名第8的国家相匹敌。

日本拥有极其丰富的高等教育资源,国公立、私立院校总计超过700所。国立、公立大学基本涵盖了日本主要地理分区所在的中心城市,"一府县一大学原则,日本每个县都至少有一所国立大学。首都圈范围内(东京、千叶、神奈川、埼玉)的200余所大学中,品牌影响力排名前三位的分别是庆应义塾大学、东京大学、早稻田大学。与去年调查结果相比,上升最大的分别为庆应义塾大学、东京工业大学和津田塾大学。青山学院大学以其校园气氛活跃、灵活获得最具魅力称号。东京圈人口占据日本总人口的28%,而东京圈的大学生人数则占日本大学生总数的41%。越来越多的日本地方高中生毕业后到东京上大学,大学毕业后继续留在东京成家立业。日本各地青年人口的流失无疑给日益"空洞化"的地方发展带来严重阴霾。

东京的大学与城市是融合互动的范例。在东京,大学与城市相辅相成,大学遍布于城市各角落,其生源、教学、研究、生活、就业等各层面,与城市深度互动。进入21世纪,这种融合互动氛围更加浓厚,自1998—2006年,35所首都圈大学向东京市中心方向迁址。至今东京大学产生5位诺奖得主和1/3的日本学士院成员,其毕业生在政治经济产业界亦成就斐然;通过内设的产学联合本部和外设的技术转移构及天使投资基金打造产学联合"金三角",促进知识成果转化;其"国际产学共同研究中心"与东芝、索尼、日立等企业建立了合作关系。早稻田大学的校园有四处,遍布东京,至今培养了约50万学子,活跃在文体传媒政治经济科技诸领域。在大学的支持下,如今东京占全国支票交易额的80%,股票交易额的70%,汇集80%的上市公司,成为国际金融中心。20世纪90年代起的"后泡沫经济"期,东京都的经济增速和人口规模都进入了前所未有的负增长阶段,人口老龄化的加剧和经济停滞引发的就业困难等社会矛盾也逐步凸显,社会价值观的多元化和信息化趋势也加速了城市生活方式和发展模式的转变。这一时期的发展政策理念除了继续完善首都圈的多核心型城市结构,还提出了进一步促进各项城市功能空间布局优化,加强就业和居住功能平衡的方针。这是因为经济衰退时期日本政府和公众普遍反思过往的高速经济增长并没有给都市圈生活就业环境带来质的提升,反而因功能过度集聚和泡沫经济破灭加剧了各类"大城市病",社会各方迫切要求营造良好的生活和就业环境、发展知识密集型新兴产业、创造独特文化和增强国际大都市竞争力。2016年11月末,日本全国知事会议通过了以抑制东京23区大学新建或增设为核心举措的紧急对策。2017年4月,日本政府又发布了"原则上不允许东京23区大学新建、增设学科或增加招生定编"的报告书,指出将优先探讨把东京圈大学的分校设置于大学数量很少的地方县市;若在东京23区新设学部或学科,则必须通过废除现有学部达到学生定编的平衡。报告书强调,日本政府面向大学的运营补助金的使用需要衔接地方创生,通过地方大学的振兴来带动地方产业发展;各地政府需要强化产学研协作,可协同东京的大学,形成前3年在东京学习、最后1年返回地方的机制;同时面向回到地方工作的大学生免除其助学贷款的返还。对我国的启示主要在于:

1. 大学应充分发挥社会责任促进城市全面发展

加大力度重视大学与城市的互动关系，大学更切合实际地进行学科规划和师资建设，是新型城镇化背景下的应有之意。大学的功用要与社会情境时空相吻合，大学不仅需走出象牙塔，更应主动与城市社会加强联系，以充分实现大学的价值。大学应努力承担更全面的社会责任，促进城市的统筹发展：其一是大学应加强有的放矢地服务于城市社会，人才培养和科研与城市需求紧密衔接，大学与城市的定位相契合，大学的布局、层次及学科结构与城市产业结构相对接；其二是大学应积极发挥对城市的引领作用，促进城市的和谐社会建设，提升居民文化素质，提高市民精神生活质量；其三是深化大学的管理体制改革，进一步完善大学法人制度建设，加快大学去行政化的步伐，使大学的发展机制更具自主性和灵活性，促进大学与城市社会的深层次互动。

2. 政府和社会应引导大学与城市互动共进

新型城镇化是国家战略，是系统工程，需社会各界的合力，新型城镇化战略要充分重视高等教育的作用。作为后发国家，目前我国处于经济高增长后社会矛盾累积的释放高发期，政治、经济、文化、社会、生态等方面都面临挑战，新型城镇化需要高等教育与之有机匹配；城市应为大学提供需求和支撑，使大学的发展更有空间和潜力，大学则通过自身发展服务于城市。政府和社会应发挥引导作用，促进大学与城市的资源优化配置，具体而言：其一是政策要合理把握大学与城市的互动关系，无论是国家、区域或城市政策，在发展布局、经济结构、城市规划、财政税收、土地环境、文化教育、人力资源等各项制度安排上，都要统筹兼顾大学与城市的互动发展；其二是深化政府体制机制改革，保障高等教育与城镇化系列政策的匹配性，以更透明的政策制订流程使其更具科学性，更有效地服务于国家、社会和人民；其三是社会各方应努力建立协调机制，从政治、经济、文化等各方面强化大学与城市良性互动的氛围，促使大学与城市共赢共进，共同推动社会长期健康可持续发展。

第十一章 京津冀开放大学与产业协同发展研究

京津冀一体化是新常态下的重大国家战略，对于加强北京、天津、河北等省市的优势互补、互利共赢具有重要的推动作用。教育作为一体化发展的重要组成部分，也必然是京津冀协同发展的重要推手。开放大学作为社会教育和终身教育重要支撑，在原有电视广播电视大学的基础上，正在面临着转型升级的新契机，带有共享性、整合性、开放性等先天属性，在京津冀协同发展中既面临着重要挑战，也有率先而为的重要机遇。

一、开放大学协同发展应成为京津冀高等教育协同发展的先导

开放大学作为一所没有围墙、办学网络覆盖全国城乡的远程开放新型大学，主要特色是通过现代信息技术开展以继续教育为重点的终身教育，是国际高等教育和终身教育发展的重要形式，是我国构建终身教育体系、推进学习型社会建设的重要力量，党和政府高度重视。开放大学具有教育对象的开放性、办学类型的多样性、办学组织的系统性、学习方式的灵活性、学习模式的混合性、教学手段的技术性都契合了区域一体化发展的特征。京津冀协同发展面临

着非核心功能疏解、产业转型升级、产业布局调整的重要任务，开放大学通过面向京津冀协同发展，确立办学定位、着眼产业发展技能人才需求、产业结构调整的人才模式变革，推进教学改革、深入京津冀协同发展的基层网络构建一体化办学系统、针对职业教育需求开发学习资源，开放教育要在京津冀供给侧补短板、调结构、稳增长、惠民生，从而成为从而京津冀高等教育协同发展的先导，为京津冀协同发展贡献更多力量。京津冀协同发展为三地开放大学创造了难得的历史机遇，三地地源相接、人缘相亲、文脉相承，高校研究机构林立，高等教育资源丰富。拥有国家开放大学、北京开放大学、天津开放大学、河北开放大学及其所形成的覆盖城乡的教育网络。开放大学及其前身广播电视大学一直采用系统办学，系统内办学思路相似、发展路径相同。国家开放大学地处北京，覆盖广泛，应该充分发挥优势，促进京津冀协同发展。北京开放大学、天津开放大学和河北开放大学具有区域协同发展的天然基因优势。围绕京津冀远程高等教育一体化发展问题，在充分发挥开放大学（电大）的现代信息技术优势，充分挖掘三地高校资源优势，根据京津冀三地产业链分工和功能布局，更好地服务全民终身学习，构建学历教育与非学历教育并重的区域远程教育服务体系，成为京津冀高等教育协同发展的先导。伴随着京津冀协同发展的不断推进，学习型社会建设进程的加快，各地产业转型升级不断加快，功能定位重新规划，对于全民学习、终身学习需求的日趋强烈，教育体制改革的深度推进，为开放大学的改革发展提供了新的机遇，开放大学建设的意义和价值必将得到更为充分的显现。

京津冀一体化发展为转型升级中的开放大学提供了难得的历史机遇，当然也必须清醒地看到京津冀开放大学协同发展当前面临的诸多需要破解的难题，暴露出的最大问题是对未来区域一体化下开放大学协同发展的管理和运行机制缺乏必要的、科学的、富有前瞻性的顶层设计,都处于各自为政、个别探索的阶段。主要表现为:京津冀开放教育合作模式的探索没有创新,有待进一步深化;京津冀一体化背景下,开放教育、高职教育、社会教育共同发展的机制没有理顺,有待进一步建立;京津冀开放大学一体化发展的体系化的运作模式没有创新设计,有待进一步完善;整合社会化优质教育教学资源的路径比较模糊,有待进一步探索。在京津冀协同发展背景下,国家开放大学加上三地地方开放大学需要抓住机遇,整合资源,创新机制,在京津冀地区率先实现开放大学区域一体化,成为京津冀教育协同发展的先导,成为区域性开放大学协同发展、创新发展的示范和样板。

二、京津冀开放大学协同发展面临的问题

(一)顶层设计不够明晰,国家开放大学、京津冀三地开放大学的关系和合作机制没有理顺

开放大学建设过程中难免会涉及与其他开放大学合作的问题,这将会面临合作、竞争、冲突等方面的内容。国家开放大学地处北京,是教育部直属,北京、天津、河北的开放大学是经教育部批准的,省级人民政府政府主办的,省级教育主管部门主管。同属新型高等学校,国家开放大学和三地省级开放大学作为独立法人都应拥有办学自主权和学位授予权。国家开放大学、京津冀三地开放大学在体制机制上的诸多不畅,阻碍了协同发展的道路,也让三地相互封闭大于相互开放。在当前京津冀协同发展的背景下,京津冀三地的开放大学已经开始了接触。京津冀三地地缘接近,文化联系紧密,在合作办学方面,可在招生规划、教学资源建设、师资队伍建设和小专业建设等方面开展合作。但国家开放大学以及三地开放大学、广播电视大学还没有形成差异发展、互补发展、错位发展。为了维

护合作各方的利益，保证合作的共赢，一是要建立合作机制，对合作的内容、方式等进行规划和设计；二是要建立利益冲突解决机制，解决合作过程中没有预想到的冲突。

（二）共享机制不完善，国家开放大学、京津冀三地开放大学没有形成资源共享机制

开放大学是以现代信息技术为支撑，实施远程开放教育，为社会各个阶层人员的继续教育提供了平台，促进了教育公平，为终身学习体系的建设提供了助力。但是随着社会的发展、生源结构的变化，开放大学成人教育的发展面临严峻的考验。一是开放大学资源尤其是师资、设备等资源有限，难以适应现代人才培养模式的需求。在学校的整体发展中资源建设是不可或缺的、重要的一部分，也是吸引生源，为学生提供更好服务的基础。京津冀地区各开放大学都有自己的优势资源，但也存在者一些资源不足的情况，在资源建设方面，开放大学不仅需要物力、财力、人力，更需要在现有存量资源的基础上，通过联合合作，资源共享，资源互补，通过资源共享机制弥补现有资源的不足。二是开放大学资源存在重复建设，资源浪费。以北京开放大学、天津开放大学、河北开放大学为例，基本都开设了理、工、农、医、文、法、经济、管理、教育等学科的多个专业，但是从开放教育招生情况来看却不容乐观。可以通过一体化合作，根据京津冀各自的功能定位和产业布局，调整学科布局和专业设置，形成错位发展，差异化的专业和课程体系。保持并增强自身的实力，提高对于学生的吸引力。

另外，开放大学成人教育的发展需要不断更新各种资源，京津冀地区经济发达，大型企业林立，行业协会等社会组织发达，高等教育资源丰富。开放大学需要结成战略联盟，主动积极寻求高校资源共享，努力消除京津冀高校间壁垒，通过政府协调，主动寻求合作等方式来完成高校间的资源共享，建立和完善远程开放教育体系。

（三）区域融合特色不明显，京津冀开放大学没有形成区域协同和区域特色的模式

开放大学的建设要服务于京津冀协同发展，努力针对协同发展中各地区、各行业、各领域、各类人群的实际需求，加强办学的针对性。选准着力点、服务地方经济，结合北京市首都非核心功能疏解、建设高精尖产业结构，结合天津市在京津冀一体化发展中的定位全国先进制造研发基地、北方国际航运核心区、金融创新运营示范区、改革开放先行区，更是职业教育改革试验区，以优势特色学科建设为核心，把开放大学建设成为京津冀高层次应用型创新人才培养基地。

目前，国家的京津冀一体化战略、政策导向、产业布局、公共服务、人才需求、教育配套、协同发展等重大决策，与三地的开放大学、广播电视大学的发展规划、办学合作、人才培养、体制改革、机制创新、项目开发、基地建设、平台融通、资源开发、教学模式、学习支持服务等还没有充分研究，更缺乏发展对接。

开放大学在战略转型的重大发展机遇面前，在京津冀协同发展的大背景下，要超前部署，前瞻思考，优先发展，通过利用最先进的现代信息技术手段，把开放大学建设成为京津冀教育协同发展的引领者和先行先试者。积极争取国家和政府支持，协调三地开放大学对普通高等学校优质学科资源的利用；通过自身的网络平台和覆盖全国城乡的办学网点，为各种社会教育机构和普通教育机构社会化办学提供支持服务；要注重依托各种社会力量的支持和参与，要深化与有关政府部门、行业协会、大型企业的多种合作，积极推进京津冀一体化发展。

三、京津冀开放大学协同发展的机制体系顶层设计

（一）科学架构京津冀一体化的"1+3+N"开放大学体系

我国开放大学体系架构，国家开放大学是龙头，是全国开放大学建设指导中心、教学资源中心，指导省域开放大学建设，组织省域开放大学共同实施人才培养、开展公共服务、整合教育资源，组织协调开展人才培养检查评估，建设面向全国的教学和支持服务网络平台，建设国家"学分银行"。京津冀省域开放大学作为独立设置的高等学校，由省级人民政府举办和管理，接受国家开放大学的业务指导。在京津冀一体化背景下，各开放大学只有认清自己所处的"位置"和所承担的"职责"，才能够制定出切实可行的发展目标，才能够最大限度地整合和利用现有教育资源，从而办出自己的质量和特色，成为我国区域开放远程教育协同发展的示范区。强化系统观念，明确职责分工。天下电大是一家，中央、省、市、县四位一体运行模式缺一不可。认为离开上级电大，县级电大也能生存的看法是一种只有眼前没有未来的短视；同样，认为可以不要县级电大的观点是一种没有基层、没有农村、脱离中国教育实际和市场需求的错误看法。只有加强上下联动，明确分工，电大才能在和谐教育建设中永葆青春。京津冀三地开放大学既保持其独立性，又按照"自愿、平等、合作、共赢"的原则参与国家开放大学建设，作为国家开放大学的地方学院，充分利用国家开放大学的资源、政策、项目等优势，适应京津冀区域经济发展的需要，开展开放大学组织的教育服务工作。国家开放大学设立在全国包括其他地方电大、行业系统、大型企业、各类学校、社区、军营等处的国家开放大学分部，是这个体系全面开展服务的重要基础。

在京津冀一体化背景下，开放大学要依据京津冀协同发展规划

中三地城市定位、产业布局和分工，根据各自的特色和优势，在政发展规划、办学合作、人才培养、体制改革、机制创新、项目开发、基地建设、平台融通、资源开发、教学模式、学习支持服务等方面充分合作，国家开放大学和京津冀省域开放大学共同构成中国特色的区域融合发展的开放大学体系，形成"平等参与，责任共担，利益共享，合作共赢，融合发展"的区域开放大学运行机制体系，成为京津冀产业协同发展、转型升级的重要抓手，进而成为首都经济圈重要的全民终身学习的服务平台，终身教育体系的重要。

（二）创新京津冀开放大学一体化运行机制

开放大学的运行机制直接关系办学服务成效。我国开放大学是一个多层级的系统，既有系统内各级单位的纵向协调问题，又有系统外横向合作问题。在京津冀一体化发展的背景下，必须兼收并蓄，创新运行机制，建立基于区域一体化的矩阵式结构发展。针对京津冀一体化中的城市功能定位、产业布局分工、公共服务等人才需求和社会服务需求，区域内开放大学系统按照各自分工和不同职能，共同参与办学体系内的招生、教学、管理、资源建设、支持服务、科学研究以及改革发展中重大问题的研究决策，同时强调以京津冀协同发展的项目为中心，以完成京津冀一体化发展的任务为目标，以合作协议为纽带，围绕办学服务整合各类教育资源，由系统内的国家开放大学、京津冀省域开放大学及其基层组织和系统外的高校、社会教育机构、行业、企业等单位形成合作联盟，积极争取与政府、行业企业、社会机构的合作，引进市场机制，实施项目管理，开发成人高等教育、继续教育、职业教育资源，进一步拓展合作办学的领域和空间。推进学习型组织建设和社区教育，为京津冀协同发展提供服务。

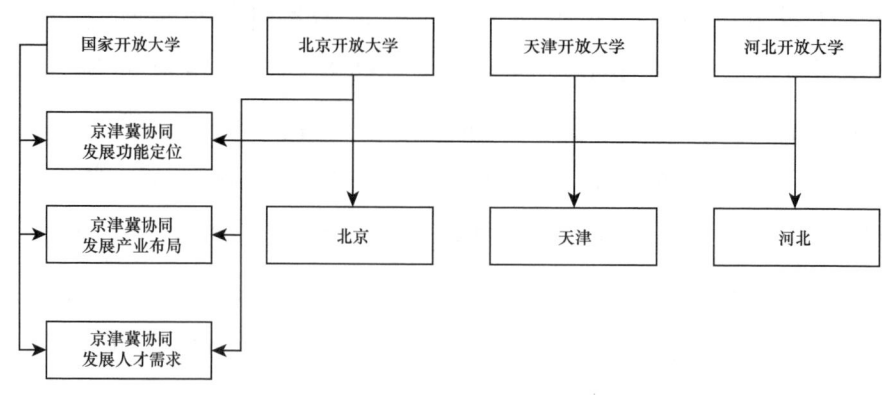

图 11-1 京津冀开放大学矩阵式合作运行机制

(三) 整合教育资源,实现京津冀优质高等教育资源与开放大学共享

开放大学要实现其定位功能,完成办学服务任务,必须在电大的基础上,整合相关教育资源,使开放大学具备完成任务的条件和能力。从服务全民终身学习的要求出发,开放大学在横向上应整合高等教育、继续教育及相关教育机构资源,通过与国内外高校的合作,整合利用有关高校优势学科、专业、课程和师资,开展高质量的、开放式的高等教育。同时,整合利用自考系统、教育电视台、电教馆等相关功能,解决开放大学自主开设专业、资源建设、传输渠道等问题。在纵向上,应整合职教中心、中职学校、教师进修学校、社区教育机构(社区大学、社区学院),建设当地终身教育学习中心和开放大学基层机构。当前,谁来整合资源,是开放大学组建的难点也是重点。

与京津冀区域协调发展的关键在于,围绕京津冀协同发展规划纲要,加速推进京津冀三地职业教育在资源建设、人才培养、师资培训、质量评价和院校管理等方面的协同发展,有序承接北京的优质教育资源外迁,实现京津冀职业教育互利共赢、协同发展。进一步完善和提升在天津构筑的京津冀协同发展装备制造业、现代服务业、养老健康业、新能源等 8 个现代职业教育产教对接平台，继续搭建区域间的文化产业、民族教育等 12 个产教对接平台；构建京津冀协同发展现代职业教育的对话交流合作机制、项目协同创新机制、校企合作联动机制，消除职业教育跨区域发展壁垒，推动三地在现代职教重大理论、发展战略、发展规划、关键举措和实践探索方面合作协商，建立共研、共建、共用、共享、共赢的协同机制和交流平台。建立共研、共建、共用、共享、共赢的协同机制和交流平台。

（四）形成京津冀统一办学和分级管理机制

为保证办学水平、质量、声誉、品牌，不断做强做大学校事业，国家开放大学实行统一办学，办学发展目标、教育教学基本制度、人才培养标准与模式以及学科专业、课程结构、教学内容和考试方式等，实施"统一品牌、统一标准、统一平台、统一管理、统一评价"，实现教学、管理、服务等业务工作的一体化运作。内部管理按照总部、分部、学院、学习中心的职责和任务，实行分级管理体制。要加强总部和分部的统筹管理作用，总部统筹全国，分部统筹区域。形成错位发展和资源共享机制。国家开放大学办学组织体系是由不同性质、特点的高等学校、行业企业和相关社会机构合作共建组成的，应探索形成错位发展和资源共享的有效机制。分部和行（企）业学院、专门学院、实验学院可根据"错位发展"原则和相关建设标准，开设有特色的本专科专业。相关课程主讲、教材主编、课程主持教师可以从总部、分部教师或高校、行业企业具有相关资质的专家学者中聘请。整合体系教师资源，组建教学团队，加强教学支持服务。实现数字图书馆和学习资源共建共享。形成成本分担和利益分享机制，国家开放大学办学组织体系各单位要根据学校相关政策和在办学过程中的任务分工，投入相应的人力、物力和财力，保证办学基本条件。学历教育按课程学分收取学生费用,并根据共同协商的比例划分使用。非学历教育以项目协议方式明确具体经费投入与分配办法。

(五) 创新合作办学模式及人才培养模式

开放大学是主要面向职业人开展教育的大学。这就要求开放大学应主动融入行业企业,建立社会广泛参与、产业与教育深度融合的开放式的合作办学模式和与之相统一的人才培养模式。在京津冀协同发展背景下,开放大学要创新人才培养模式和路径,根据不同区域的产业布局,加强与行业企业的合作办学,实现"产教融合、校企合作、资源共享"。支持行业企业依托开放大学平台,独自建立或者联合建立行业企业学院以及产学教研合作平台。是以行业企业为主导,体现产教融合,主要聚焦职业人才培养。开放大学的生源大部分来自行业企业的一线职工,学生毕业后也要回到行业企业就业,开放大学开设的专业课程也以服务行业企业需求作为主要目标;开放大学的实践教学基地大部分是与行业企业合作建立或者直接依托行业企业设立;开放大学的"双师型"教师也大都从行业企业聘请。需要在已有合作的基础上,进一步深化与行业企业的全方位、深层次合作。关键的一点是要让行业企业当主角。开放大学做好平台服务、课程认证和证书发放等,只有这样才能调动起行业企业的积极性。首先,以提升职业能力为目标,加强专业内涵建设,优化课程体系建设,将理论、技能和知识融于一体。其次,建立全过程、全方位的学习支持服务模式和服务团队,充分支持学生的自主学习,提高学习兴趣和效益。最后,建立灵活贯通的证书体系,完善课程证书、学分证书、项目证书、培训证书、资格证书、毕业证书、学位证书等制度。按照能力标准设计课程,完善课程学分制度,实现学分积累与转换,为学习者成长成才奠定基础。

四、京津冀开放大学协同发展的对策建议

（一）强化国家战略的意识，组建京津冀开放大学教育集团

开放大学是国家构建终身教育体系、推进学习型社会建设的重要力量，党和政府高度重视。京津冀可以根据开放大学转型发展的重大机遇，根据京津冀协同发展的要求，组建京津冀开放教育集团内。回应当前市场化、集约化的要求。所谓教育集团，是指以提高人才培养质量、促进资源共建共享、引入市场机制提升大学竞争力为行动目标，以远程教育教学业务为主要联结纽带，以总部分部（或总校分校）为主体，以开放大学章程为共同行为规范，利用信息化手段实行统一垂直管理，提供全方位教育和服务的开放教育联合体。十八届三中全会强调，市场在资源配置中起决定性作用，办好开放大学也要充分发挥市场机制作用，促进开放大学与社会需求紧密衔接。从市场的角度来看，学习者是开放大学最核心的服务对象，只有创造出更加优质的产品、资源、服务和模式，才能不断满足学习者的多样化、个性化学习需求。因此，提出将开放大学建设成为新型教育集团，就是旨在回应市场化的体制机制创新。传统电大系统办学尽管积累了不少经验，取得了很大成就，但是行政化、分级化的管理运作模式已经不能与当前经济社会发展环境和互联网时代相适应。新形势下，需要在电大系统办学经验基础上，积极探索政府、企业、社会等多元投资机制、共建机制，鼓励多元主体共同推进新型教育集团建设。这方面，上海远程教育集团已经早在10多年前就开始探索，可以为开放大学集团化办学提供借鉴。

（二）正确认识开放大学的科学定位，整合京津冀各类开放教育资源

大力开展非学历继续教育，形成以信息技术为支撑、多网多屏融合，覆盖各行各业和全国城乡的现代远程学习公共服务体系是现代教育体系的重要组成部分。必须与时俱进、解放思想，深入推进内部管理体制、运行机制、用人制度、分配办法等一系列改革与创新，进行科学的富有前瞻性的顶层设计，全面提升办学质量和服务水平，使老电大"脱胎换骨"，努力向一流水平中国特色开放大学转型。新生的开放大学要始终坚持高度的开放性，按照"自愿、平等、合作、共赢"原则，与其他电大，以及高等学校、行业系统、大型企业、社区等开展广泛深入的合作，走出共建、共享、共赢的成功之路。

要整合优质资源，坚持开放办学，运用互联网手段，充分发挥我国职业教育优势，积极开展国际合作，推动教学管理、师资配备、教育方式等全面改革创新。要以市场为导向，以需求为目标，注重技能人才培养，注重紧缺人才培养，注重提高培训质量，加强领军人才、学科带头人的培育、引进和提高，锻造独特优势品牌。要服务京津冀协同发展，打破"一亩三分地"思维，创新组织管理模式，利用信息化优势，布局教学点，辐射京津冀，在教师、培训包、现代传播手段等方面加强协作，为区域技工人才培养主动作出贡献。

从权限的角度看，政府是开放大学的举办者，又是各类资源的管理者，只有政府有整合资源的权限。为此，应当成立由政府分管领导担任组长，有关政府部门和资源管理使用部门参与的开放大学建设领导小组来实现资源的整合。资源整合关系到相关部门的利益，各方必须站在构建终身教育体系和建设学习型社会的高度，抛开部门利益才能顺利实现。资源整合的方式主要有两种：一是"合并"，

由政府直接进行资源重组,将相关教育机构合并,或将教育部门的相关资源划转给开放大学,相关资源由开放大学所有;二是"合作",通过政府协调或市场机制,联合有关高校、企业、行业和其他社会力量共同开展办学服务,相关资源为开放大学所用。

(三)加大财政投入,拓宽融资渠道

积极拓宽投入渠道,形成政府、企事业单位、社会团体和学习者共同承担的投入机制。市、县各级财政要按照公共财政的要求,将有关投入纳入财政预算,形成稳定的政府投入机制。终身教育经费主要用于开放大学建设、终身学习网、市民学分银行等公共服务管理平台的建设与维护、服务管理人员聘用与培训、数字化学习资源购置与更新、市民学习卡发行、各级各类学习型组织和优秀市民的表彰奖励、终身教育宣传等公共项目。此外,各级政府要拓宽资金渠道,运用财政、金融、税收等政策杠杆,鼓励社会力量资助终身教育。

(四)合作项目化实体化,成为区域开放大学合作示范

建设京津冀职业教育共享共建平台,建立国家职业教育实验区联盟的信息交流平台,为联盟的政、行、企、校、研要素融合提供支撑。未来5年,在天津重点建设国家职业教育发展博物馆、全国职业院校技能大赛主赛场,建设国家职业教育数字化教学资源开发与制作中心、国家职业教育质量监测评估中心、国家中西部地区职业教育师资培训中心等项目。

(五)建立学习成果认证体系和"学分银行"制度

开放大学是落实《纲要》精神、创新教育制度、促进教育综合改革的重要力量。大规模、高水平地推进继续教育也正是开放大学担当使命、服务大局、彰显特色、多作贡献的重大历史性机遇。一是推出满足各类人群不同需求的个性化继续教育课程。二是通过建

立的学习成果认证体系和"学分银行"制度将分散的各类教育，如普通教育、职业教育、继续教育及各类培训等进行相互沟通、衔接和融合，有利于激发学习者持续学习、终身学习的热情，有利于构建学习者通过各种学习渠道成才的"立交桥"。"互联网＋"将解构与重构教育理念和教育形式，重新定位教育的价值取向，给教育带来了显著的影响甚至将会引发新一轮的教育革命，也对高素质技术技能人才培养提出了新的要求。社会转型、经济转型、教育转型等已成为全球发展的趋势。

第十二章　京津冀高教园区协同发展的问题及对策研究

高等教育不仅培育人才，传承文化，服务社会，更是产业转型升级，创新创业和社会进步的引擎，在区域协同、全球化过程中发挥着独特作用。京津冀协同发展是新形势下国家重大战略部署。如何从国家发展大势和区域协调发展着眼，在更大范围、更高层次谋篇布局成为京津冀三地高等教育改革发展面临的重大课题。高等教育资源丰富是京津冀地区最鲜明的特征之一，借助高教园区这一发展手段，进行顶层设计，明确功能定位，理顺发展思路，汇聚教育资源，打造高教发展新平台，实现三地高等教育优势互补、加快发展，是促进京津冀协同发展的内在要求，也是重要举措。

一、京津冀高教园区发展的现状

所谓高教园区就是把多个高校聚集于一定区域内，形成一个多学科、多专业并存，包括多种服务在内的高等教育区域。目前，京津冀地区高等教育资源丰富，共有高校266所，其中北京91所，天津55所，河北120所。在高等教育聚集化、联盟化发展的形势下，京津冀高等教育园区发展迅速，据调研统计，三地共有高教园区18

个，其中，北京拥有房山良乡和昌平沙河2个高教园区。除此之外，北京市高校也采取了其他扩大办学空间的办法。中国人民大学新建通州校区，中央民族大学计划新建丰台王佐校区，北京交通大学二校区也计划落户平谷区马昌营镇。还有一些高校则在河北、深圳、珠海等地办分校。天津市则在西青区、滨海新区、武清等地有5个高教园区。河北省则有石家庄、保定、秦皇岛、唐山、邢台等地的11个高教园区。北京、天津的高教园区以新校区建设为主，河北则以原有高校整合升级扩大为主。京津冀高教园区数量较多，大多都处于建设发展过程中，还缺乏比较完善的顶层设计，没有真正融入到当地的经济社会发展中，也缺乏与京津冀协同发展的强烈呼应。

二、京津冀高教园区协同发展的问题

（一）高教园区建设缺乏顶层设计

高教园区作为我国高等教育发展的一种新型模式与制度安排，是政府、市场和高校三种力量不断博弈的产物。在京津冀协同发展国家大战略下，高教园区建设需要形成与京津冀区域空间布局相协调、与产业结构相适应、与城市发展需求相结合的高等教育资源空间布局。北京正在加快首都非核心功能疏解，教育、医疗等是重要内容，正在推进部分功能核心区的高等教育资源向城市发展新区及津冀地区疏解。鼓励在京高校加强与津冀高校的校际合作，支持津冀地区的高校做大做强，突破体制障碍引导部分有条件、有需求的在京高校在津冀兴办分校。河北作为人才洼地，亟待高等教育资源注入，促进产业转型升级。然而，京津冀三地高教园区建设与核心功能疏解与承接联系不紧密，缺乏有效的统筹规划和顶层设计。良乡、廊坊、曹妃甸、邢台等地的高教园区仅仅是把高校捏在一起，没有形成与当地经济社会发展的良性互动，更没有结合京津冀协同发展。

（二）建设规模与未来人口结构之间存在着矛盾

大学城的建设成功与否，很大程度上取决于其战略定位以及据此而制定的发展规划目标。大学城建设是为顺应高等教育大众化战略，适应高等教育产业的市场需求，为促进经济和社会的发展。京津冀高教园区建设分散，建设规模与未来人口结构之间存在矛盾，一方面难以起到疏解人口的作用，另一方面可能还会引起空壳化的风险。北京市疏解首都非核心功能的任务繁重，已经开始限制市属高校的外地生源招生规模，但高教园区建设还没有能够与疏解首都非核心功能相结合。一些地方政府对大学城建设的必要性和基本条件、长远规划缺乏应有的论证，对大学城定位不准，使得大学城潜伏着"空壳化"危机。比如近年来，廊坊大学城就遭遇了很大的空置的压力，缺乏生机与活力。据统计，2014 年以来，入驻廊坊东方大学城的院校已从最多时的 20 多所降至个位数，院校规模也被不断压缩。

（三）园区建设与区域经济社会发展结合不紧密

高教园区不仅是高等教育的聚集区，也是城市尤其是新城建设的重要组成部分，是经济社会转型升级的重要支撑。高教园区作为知识密集区，是科技创新的动力和源泉，发挥着创造知识、服务社会的功能。目前，京津冀高教园区仅仅是高校聚集区和房地产新开发区，没有为区域经济社会发展的需求全面发挥人才培养、科技开发、社会服务的作用。高教园区仅仅作为老校区的延伸，人才培养目标定位显然与不均衡的区域经济发展现实相背离，与不同区域对人才需求的要求相违背。专业是高等教育办学和社会经济发展的契合点，但目前各高教园区对专业发展的整体规划不够，没有认真分析区域产业背景、行业格局、企业需求和自身办学条件，专业设置在一定程度上带有随意性和盲目性，跟风设置所谓的热门专业，与区域社会接轨不密切，其结果是大量相同或相似专业的重复设置，优质资源分散，专业同质化现象日趋严重。高教园区在人才培养过程中类型特征和层次特色不鲜明，一种倾向是老校区教学的延伸，许多校园形态与普通高校相似，校园形态以教室为主，教学形式以课堂学习为主，教室的功能主要是传授知识，重知识传授。各高教园区在带动区域产业结构转型升级和促进新的经济增长点方面的作用不大。比如，房山区重点发展的是高端制造业和石化新材料产业，但良乡校区主要是北京工商大学、首都师范大学、社科院研究生院和北京理工大学，主要承担本科大一到大三的教学任务，缺乏与当地产业的关联度。而且培养模式仍然以传统方式为主，仅仅是作为老校区的扩展。

（四）高教园区之间及所在城市缺乏互通和共享机制

高教园区的建设，有利于有效地整合高等教育资源，使之集中化、规模化，从而更好地适应未来教育发展规模上的需要。但从目前的情况来看，高教园区的聚集效应还远远没有得到充分发挥，各大学之间还是各自为政，没有形成真正的优势互补和资源共享。同时，在新校区建设中也出现了重复建设的现象。地方政府将高校集中起来建大学城的一个重要目的就是为了实现教育资源的共享、减少重复建设，使图书馆、体育馆等设施在各高校间共用。一是高教园区之间缺乏互联互通。北京市有两个高教园区，但两个园区之间也没有明确的分工。京津冀一体化发展各个园区仍然是各干各的，没有互联互通。二是高教园区内高校之间缺乏互联互通。入驻高教园区的学校，都具有办学自主权。而且，中国人长期以来的"小而全"观念，导致每个学校的基础设施，诸如图书馆、教学楼、机房等都有自己的产权，在实际建设过程中，资源共享难以实现。

另外，高教园区与所在城市不能有机地融为一体，许多教育资源不能向公众开放，服务于社会；高校园区内的高校成为了封闭的"象牙塔"，各高校的科研成果也不能顺利地转化为产业成果、振兴区域经济，不能形成产学研的良性互动。

三、京津冀高教园区协同发展的对策建议

（一）合理定位，科学规划

京津冀协同发展背景下，结合北京市高等教育资源外迁和国家高等教育改革的机遇，统筹规划京津冀三地高教园区。要充分利用京津冀协同发展平台与机制，结合京津冀协同发展国家战略规划总体部署和京津冀城市战略定位新要求，强化顶层设计，统筹规划高教园区建设，北京市要明确良乡、沙河、城市副中心三个高等教育发展聚集区，天津则要推动大学城创新发展、融合发展，推进国际化。河北则要加快引入高校，缩减高教园区数量，健全配套设施，把雄安新区建设成为京津冀产学研结合的新型高等教育聚集区。同时，还要推动高校积极调整教育资源空间布局，调整学科专业设置，实现京津冀高等教育可持续发展。

（二）充分发挥政府的调控作用，教产城一体化发展

高教园区在我国是一个新鲜事物，需要政府充分发挥主导作用，建立三地园区建设统筹中心，对其建设和管理予以统筹、规范和监督，促进各校依法办学，鼓励高教园区在运作、管理在体制和机制上有所创新，同时担负起协调大学之间以及大学与外部的各种利益关系的职责。总体上的要求是：园区建设要纳入城市总体规划之中，将其发展与所在地的经济社会发展相协调，使高教园区真正成为人才库、知识库、思想库、产业孵化基地和新城区。高教园区不应仅仅

是高等教育机构的密集区,还应该是知识型产业的密集区和孵化中心,是对社会经济发展起策动、推动和引导作用的技术源、思想库和智慧中心。高教园区建设要努力营造一个有利于高校、企业和社区协同发展的生态环境,在高等教育与社会经济协同发展方面起枢纽作用。此外,高教园区还可以是文化旅游、休闲的新型生态园区。因此,高教园区从规划开始,不仅要注重良好的硬件设施建设、校园环境建设,而且要重视良好的人文环境、生态环境与景观的营造,集中体现出教育城、文化城、生态城、旅游城的风姿,突破现有大学的功能,成为城市新的旅游景点和休闲、娱乐、消费之地。

(三) 强化高校教学互联互通,实现资源共享

大学城要实现可持续的发展和高效率的运营,必须建立教育资源共享的运行机制。从大学城内部层面来看,教育资源共享主要是指大学内部的各个学院间、大学与大学间形成的硬件和软件方面的资源共享,优化教育资源的配置,有效提高教学和科研的效率。从大学城外部层面来看,教育资源的共享是指大学与城市之间有机地融于一体,大学的图书馆、体育馆、艺术馆等设施要向社会开放,与市民共享;大学的科技成果与城市产业链之间要形成良性互动,加快科技成果的转化步伐。

(四) 成立京津冀高教园区发展联盟

一是统一思想,确立协同发展的合作理念。高教园区发展联盟是建立在战略合作伙伴关系基础上的稳定合作,成员之间要树立加强合作、共同发展的理念,抛弃单打独斗的传统观念,整合有效资源,形成优势互补,提升学校实力和社会声誉。二是相互信任,营造良好的氛围。相互信任是高教园区之间合作成功、共同发展的前提。构建相互信任的关系,关键在于认清各自园区的优势与不足,

以及彼此的需求和目标，以便在制定战略目标时能从自己和对方的利益出发，综合考虑，整体规划，协同运行，设计合理、可行、具体的合作方案并有效地运行。三是相互尊重，实现"多赢"的良好局面。各园区应注意培育、凸显自己的优势和特色，在彼此各自拥有优势的环节上展开合作，尽量利用外部的资源优势以实现内外各种资源的优化配置，实现本身的最大效益和提高整体的竞争力。

第十三章 主体互动视角下京津冀高等职业教育协同发展分析

2015年3月23日,中央财经领导小组第九次会议审议研究了《京津冀协同发展规划纲要》。2015年4月30日,中共中央政治局召开会议,审议通过《京津冀协同发展规划纲要》。京津冀协同发展,已成为党中央、国务院在经济新常态下的一个重大国家战略。职业教育作为国民教育体系和人力资源开发的重要组成部分,既是京津冀协同发展的重要内容,也是促进协同发展的重要人才支撑和智力支持。从参与主体角度,北京市高等职业教育发展面临的既有疏解首都非核心功能的问题,也有创新发展高等职业教育的问题。天津和河北面临着如何有效承接北京市高等职业教育资源的问题,也面临如何为产业转型升级提供支撑的问题。京津冀协同发展背景下深入探索研究京津冀高等职业教育协同发展的困难和问题,服务三地协同发展、培养大批适用人才具有重要的意义。

一、京津冀高等职业教育发展现状

(一)高等职业教育发展规模

近年来,京津冀三地的高职院校数量总体稳定,但发展规模和

第十三章 主体互动视角下京津冀高等职业教育协同发展分析

趋势不尽相同。从学校数量来看，2014年京津冀三地高等职业院校分别有25所、26所和60所，河北的高职院校数量最多。从学生规模来看，2012—2014年北京市的招生数、在校生数和毕（结）业生数最少，其次是天津市，而河北省在三方面的规模最大。从发展趋势上看，2012—2014年北京市的招生数、在校生数和毕（结）业生数均呈下降趋势，天津市的招生数、在校生数呈上升趋势而毕（结）业生数先升而降，河北省的招生数、在校生数呈下降趋势而毕（结）业生数呈上升趋势。

表13-1 2012—2014年京津冀高职（专科）院校规模

单位：万人

年份	招生数			在校生数			毕（结）业生数		
	2014	2013	2012	2014	2013	2012	2014	2013	2012
北京	3.16	3.45	3.6	10.53	10.71	10.83	3.41	3.68	4.14
天津	5.81	5.67	5.59	17.66	16.67	16.25	5.03	5.38	5.08
河北	15.38	16.51	16.53	49.85	52.9	54.62	19.14	18.81	18.22

数据来源：中国教育统计年鉴2012—2014年。

（二）师资队伍建设情况

2014年，京津冀三地高职院校生师比分别为14.56∶1、17.75∶1、17.08∶1，全国的生师比为17.57∶1，可以看出北京高职的专业教师资源最丰富，远超全国生师比水平，河北省高职的生师比水平略优于全国生师比水平和天津市水平，天津市高职的生师比水平较差，比全国水平还低。

（三）经费投入

2013年京津冀高职生均教育经费支出分别为51425.87元、23790.83元、14019.57元，其中高职生均公共财政预算教育经费支出分别为40425.80元、13892.70元、7511.42元，而全国高职生均教育经费支出为16832.88元，其中高职生均公共财政预算教育经费支出为9976.97元。从经费支出上可以看出，北京市的高职生均经费最充足，财政投入占主要部分；天津市处于北京市和河北省中间水平；河北省的高职生均经费投入最少，而且财政投入能力很薄弱，约是北京水平的1/5和天津水平的1/2。

由此可以看出，京津冀三地高等职业教育各有优势、各有所长，但发展很不均衡。北京市的高职优质资源集中，优势最明显，但是招生人数、在校生人数和毕业生人数均在下降。结合首都疏解非核心功能、产业转型升级、城市建设与管理、生活性服务业品质提升和京津冀协同发展对技术技能人才的需求，北京市正在实施职业教育专业布局调整计划：针对限制和禁止发展产业，撤并一批面向低端产业的专业；针对调整转型产业，改造升级一批传统优势专业；针对高精尖产业，优先发展一批新兴专业；针对城市管理、社会建设需求，重点加强一批紧缺人才专业建设；针对疏解转移产业，与产业承接地合作办好一批品牌专业。加快制定职业教育新增专业的禁止和限制目录，结合职业院校专业优势，统筹调整优化。

天津市的高职规模处于北京市和河北省中间，高职资源也比较丰富，办学水平也较高；河北省的高职院校数量学生规模大，但高职教育资源比较匮乏，财政投入有限，基础最薄弱。天津主要是促进高等职业教育内涵式发展。围绕主导产业、现代服务业和战略性新兴产业的发展，对接重大工程和重大建设项目，优化专业结构和布局。推进高等职业院校与本科院校联合培养应用类高层次人才，提升高等职业院校培养质量和水平。河北省则致力于改革创新高等职业教育。把发展高等职业教育作为调整高等教育结构的战略重点，统筹规划省内高等教育布局。密切产学研合作，服务区域产业升级改造，特别是中小微企业的技术研发和产品升级，大力培养高级技术技能人才。

总之，北京、天津、河北利益诉求、发展基础和发展战略各不相同导致京津冀高等职业院校协同发展面临较多的障碍，既有体制机制的原因，也有行业发展的原因；既有顶层设计缺乏的原因，也有校企互动不够的原因。

二、京津冀高等职业教育协同发展面临的问题

京津冀高等职业教育发展不均衡、不协调，协同发展的能力还比较薄弱，其背后是体制机制存在障碍，参与主体的积极性与作用发挥不够。

(一) 体制机制存在障碍

尽管国家出台了京津冀协同发展战略，但三地的行政体制仍然存在，教育体制壁垒未打破，包括教育在内的协同发展战略仍在探索发展过程中，滞后于三地经济社会协同发展的要求与市场配置资源的要求。目前，京津冀三地的高职院校仍保持各自的条块分割行政管理体制，归属各地省（市）级教育或行业部门领导和管理，其重要政策、专业设置、招生计划、经费拨款等属地化管理格局明显，缺乏对三地技术技能人才需求与培养的顶层设计、统筹规划、系统考量。三地的高职院校存在办学体制多元化现象，涉及相关委、办、局或者企业等办学主体，使得各院校的办学性质、办学层次和办学类型等各不相同，导致利益主体众多，协调难度大，即使教育主管部门也统筹乏力。三地高职教育资源共建共享的利益机制未充分建立起来，沟通衔接的环节还不畅通，未找到各主体的利益平衡点[①]。

(二) 行业作用发挥不明显

职业教育的发展离不开行业部门、行业组织等主体的积极参与，

---

① 张有山：《京津冀高等职业教育协同发展研究》，《时代教育》，2016 年第 4 期。

但京津冀三地的行业主导作用发挥并不明显。首先，京津冀三地的功能定位和产业升级处在深刻的调整过程中，这对高等职业院校服务行业发展提出了全新的挑战。其次，三地高等职业教育发展上，缺乏行业部门强有力的牵头组织和有效推动，没有发挥行业部门应有职能和作用，出现行业部门的功能缺失。最后，行业组织三地高等职业教育发展上也存在缺位，三地行业组织建设不规范，组织能力薄弱，社会管理职能缺乏，没有起到组织和协同作用。同时，部分行业组织行政色彩浓厚、官僚体制影响重，没有承担起本身职责，不能发挥应有的职能。

（三）高职院校顶层合作设计不够

京津冀三地高等职业教育丰富，但各有特色和优势，发展不均衡，北京高职教育资源丰富，天津高职教育富有行业特色，而河北高职学校数量多、生源丰富。但京津冀三地区域欠缺深度教育合作的意愿，也相对缺乏教育合作对接点，教育合作交流水平不高，其结果直接导致了三地区域内高校院校办学定位的模糊，重复专业设置，将有限紧缺的教育资源进一步浪费[1]。在未来，随着产业、教育等结构改革和调整，京津冀的高职院校总数量基本稳定，但京津冀高等职业教育发展会分化，北京市的高职毕业生将会趋向减少、教育资源将向外围迁移分流，天津市将承接某些产学研机构和功能，河北将承接部分转移的教育资源、扩张高职规模。从专业结构与产业结构整体匹配度来看，北京市高职的匹配度较高，天津市高职存在着一定程度的失衡现象，而河北省高职专业结构与产业结构匹配度最差[2]。

---

[1] 郭清梅、梁捍东：《试论京津冀教育协同发展》，《中国教育学刊》，2015年第1期。
[2] 杨振军：《协同发展视角下的京津冀地区高职专业布局优化研究》，《中国职业技术教育》，2016年第1期。

（四）企业、协会（学会）参与职业教育程度不深

职业教育是跨界教育，企业在职业教育发展中具有重要的主体作用。在德国、瑞士、英国等发达国家，企业是职业教育重要举办主体，承担重要的实践教学工作，具有不可替代的作用。但在目前社会环境下，企业逐利性很强，履行社会责任的担当意识不高，参与三地高职协调发展的动力不足，涉及的利益不明显，所以，积极性不高。

京津冀高等职业教育协同发展作为三地协同发展的命题之一，需要深入的调查和研究，让科研先行。但目前三地高职协同发展的研究明显滞后于政策制定和规划实施。2016年2月，《京津冀协同发展规划纲要》发布近一年后，由河北、北京、天津三地的职业教育科研院所成立京津冀职业教育协同发展研究中心。专门针对高等职业教育的协同发展研究机构还没有成立，针对高等职业教育协同发展的研究力量比较薄弱，团队还比较缺乏。如何有效制定三地协同发展规划、专业建设布局、教材和课程建设等都是亟待解决的难点和问题。

总之，京津冀高等职业院校协同发展涉及政府、学校、企业、行业、协会等多各利益主体。目前，各个相关利益主体在协同发展中缺乏互动的意愿，没有形成多赢的合作模式，导致京津冀高等职业教育缺乏协同，更缺乏与区域经济协同发展和产业协同发展的互动。只有将京津冀高等职业院校协同发展通过区域经济和全产业链连接起来，建立可持续的合作模式，才能真正实现京津冀高等职业教育协同发展。

三、多主体参与京津冀高等职业教育协同发展的策略

面对存在的诸多问题，要促进京津冀高等职业教育协同发展必

须调动"政、行(行业)、企、校、研"等主体的积极性,让多主体充分参与,使各方力量充分发挥。

(一) 加强政府统筹职能

促进京津冀高职协同首先要破解体制问题,这就需要政府加强统筹,协调各方利益。从顶层设计上成立由中央和三地部门组成的京津冀高职协同发展领导小组,打破地域体制障碍,统筹协调高职院校协同发展的一系列实际问题。要加强三地各部门协调,完善三地高职协同发展的机制,发挥政府统筹和市场资源配置决定性作用。要与三省市"十三五"经济社会发展规划相配套,积极对接区域城镇化发展规划和产业发展规划,深化高等职业教育领域综合改革,统筹制定三地高职协调发展的规划,形成细致方案,合理布局三地高职院校,统一部署,协调推进。还要加强资源整合和对口帮扶,将高职富裕资源、优质成果向薄弱地区、薄弱院校辐射和输送,使职教资源更好地对接和发挥作用,让有发展空间的院校承担更多人才培养职责。

(二) 增强行业指导作用

职业教育是跨界教育,需要各行业组织的深度参与,发挥指导作用。要出台优惠政策,鼓励和吸引行业组织参与三地高职协同发展建设,成立跨区域的行业职教集团,实施集团化办学,促进合作共赢、共同发展。赋予三地行业组织更多职能,把适宜行业承担的职业教育职责交给行业,指导三地高等职业教育走产教结合的道路。充分发挥行业的部门优势和组织,搭建产教合作平台,建立行业人才供需预测发布机制,推进科技成果转化,引导三地高职服务市场需求、满足科技支撑需要。

(三) 发挥企业的主体作用

企业是职业教育的重要办学主体,校企合作是职业教育发展的必由之路。三地应联合制定校企合作政策，吸引企业充分参与高职办学发展，参与专业设置、课程开发、教材制定、师资培养、教学设计等人才培养全过程。发挥企业专家、能工巧匠、技术骨干等人才在教学指导、技能传授、教学评估和就业指导等方面的作用，促进职业教育围绕生产实践、技术前沿培养技术技能人才。深入开展校企合作，实施订单培养、冠名培养、定向培养，增强人才培养的针对性和有效性。扩大现代学徒制人才培养试点培养范围，不断总结经验，形成可复制模式，向更大范围推广。开展教育型企业人才培养探索，赋予有规模基础、信用良好、积极性强的企业更多教育资质和权利。

（四）加深高职学校的合作内涵建设

三地职业院校要找好自身办学定位，明确办学方针、办学思路，着力加强质量建设，树立自身办学品质和特色。与京津冀经济发展和产业布局相适应，着重发展经济适应、产业匹配、需求旺盛的专业，增强专业能力建设，打造精品专业、特色专业、品牌专业。加强三地高职院校间的衔接、对接和沟通，合理布局、迁移、融合教育资源，形成发展合力。试行高职院校与普通高校、成人高校的学分认可互转制度，建立京津冀接续学习方案，为从业人员终身学习创造条件，促进三地劳动年龄人口有序流动。立足未来"十三五"发展要求和职业教育发展趋势，三地合作建立现代职业教育体系建设联盟，完善中高职衔接、中高本衔接的体系，搭建职业教育与普通教育的沟通桥梁，共同建设现代职业教育体系。

（五）提升研究机构的科研引领能力

进一步加强京津冀职业教育科研机构能力建设，组建或挂建设高等职业教育协同发展专门研究机构，发挥科学研究先导作用，强化三地协同发展战略研究，做好政策制定、规划研制和决策服务工作，引导三地高职院校改革创新、错位发展。要加强三地教育教学改革项目管理，统一部署研究项目，协同攻关发展难题。三地要协同加强高职课程改革研究，强化工作导向、项目导向的课程研究，以学生为中心推进先进课改成果深入实施。

第十四章 京津冀高等教育与产业协同发展研究的思考与展望

一、研究的思考

(一) 高等教育协同发展是政策要求还是功能定位调整和产业转型必然要求?

这个问题涉及一个教育领域更为本质的理论争议：高等教育对区域产业和经济发展如何衡量？二者到底是谁推动了谁？高等教育作为培养高层次人才的基地，其对经济发展的促进作用也将随着人类社会的进步而日益显现。高等教育为快速发展的经济建设提供了强有力的人才支撑，大量的创新型的高层次人才与经济增长之间又存在着更为密切的关系。区域经济作为一个相对完整的有机系统，其内部的经济、教育、科技、文化诸要素都相互有着十分密切的有机联系。高等教育与区域经济的关系随着改革开放和市场经济的发展，高等教育与区域经济的互动发展也越来越得到重视，高等教育在区域经济发展中的作用也越来越重要。可以这样说，一个区域的高等教育的实力和水平很大程度上代表了这一区域的经济实力和水平。建立高等教育和区域经济发展之间互利互补的良性关系无论是对高等教育自身的改革还是对提高区域经济的竞争力,实现区域经济的可持续性发展都有十分重大的意义。京津冀区域高等教育和产业发展之间的关系究竟如何?现在京津冀一体化发展成为国家战略,高等教育协同发展是政策要求,还是京津冀功能定位调整和产业转型的必然要求。

(二) 京津冀高等教育的路径依赖如何适应区域经济发展新要求?

京津冀地区高等教育资源丰富,改革开放以来,尤其是新世纪以来伴随着政府对高等教育的高度重视,三地的高校在区域布局、学科发展、人才培养、科学研究等方面都已经形成了广泛的积累。现在,京津冀协同发展,高等教育既是重要内容,也是重要的支撑力量。那么,由于长期以来形成的发展路径依赖,京津冀高等教育如何适应区域经济发展新要求,而且在京津冀地区有部属院校、有省属院校等,如何对接,如何合作?更何况高校之间的合作还涉及土地、资金、户籍等一系列的问题。根据京津冀功能定位和区域内产业结构,遵循互补不重构、配合不重合的原则,对高校发展的区域布局、学科发展、专业结构进行整合、重构。但这是一个庞大的系统工程,京津冀高等教育的路径依赖如何适应区域经济发展新要求这个问题需要深入持续的研究。

(三) 京津冀高等教育协同是政府推动还是市场推动?

京津冀高等教育协同是政府推动还是市场推动?影响京津冀高等教育协同的因素究竟有哪些?本研究跳出教育看教育,从产业链和产业集群视角来构建京津冀高校协同发展机制。根据各高校学科优势和教学科研优势划分高校类别。摒弃了传统按照985高校、211高校等级划分的思路,能够调动各个高校的积极性;京津冀也按照产业链定位和分工划分,相对于仅仅按照经济总量划分的思路更加具体,更加有利于促进京津冀一体化发展。不仅有利于京津冀产业链一体化发展,也将带动各个高校优势特色专业发展,形成产业和高校互动双赢机制。

但问题是研究如何建立基于产业链的高校协同机制。各个高校的专业优势如何与产业链优势结合起来。由于缺少适当范围内的区域教育统筹,职业教育和高等教育办学在很大程度上依赖于自身运行的惯性,受招生、就业、专业设置等计划性指标的限制过多,较为科学的市场前景预测不够,专业重复设置、学校之间竞争远远大于合作。特别是专业重复、特色不鲜明的高校如何融入京津冀产业链一体化。

更重要的问题是由于长期以来的计划经济体制和思维的影响,政府对于高等教育的影响较大,可以说是起着决定性的作用。京津冀高等教育协同发展是国家战略,当然就体现了国家意志和政府意志。但实际上京津冀高校协同尤其是与产业协同发展,归根到底市场推动的,是企业发展需要推动的。很多学者指出京津冀高等教育协同发展离不开政府主导,但政府主导的可持续性到底有多大。课题组在调研大学城时感受特别明显,政府主导下的大学城可持续性又遇到了或多或少的问题。那么如果依靠市场,怎么调动企业的积极性,怎么样通过市场的来建立京津冀高等教育可持续发展机制。

二、研究展望

(一) 研究仅仅是京津冀高等教育协同发展一个开头

京津冀高等教育协同是一个时代的崭新课题,本研究仅仅是一个开始。高等教育是整个教育体系中与经济社会联系最为紧密的教育。一方面,高等教育发展有自身的规律和发展惯性;另一方面,区域经济社会尤其是京津冀的发展在政府和市场的双重作用下不断经历着调整。在此情况下,高等教育如何做出回应?怎么样才能更好的融合经济社会发展？更好的推动区域经济一体化发展。

（二）京津冀高等教育与产业协同发展缺乏计量实证研究

京津冀高等教育资源丰富，到底与产业发展的关系如何还缺乏实证分析。这也是本研究有待提升的地方。

（三）区域经济社会发展与高等教育的协同受制于很多因素

仅仅是理论上的推导还是难以实现的，本研究了利益相关者，但现实中还远远不仅如此。理论上推动固然逻辑清晰，但实践中的因素又有很多，如何建立一个一般规律的理论模型，这是一个研究的难点，也是值得深入探索的地方。

（四）京津冀高校协同发展需要深入案例研究

深入的案例研究，京津冀高校协同发展到底有哪些有利的因素，那些不利的因素，收益有哪些等问题需要深入的案例研究。

（五）京津冀高校协同发展评价体系尚未建立

本研究经历了艰苦的研究过程，今天告一段落，缺陷还是很明显的，一个就是历史研究的缺乏，京津冀高等教育经历了多次大的调整，但均是政府起得绝对的作用。对于调整的过程、结果缺乏必要的评估。

参考文献

[1] 毛汉英. 京津冀协同发展的机制创新与区域政策研究 [J]. 地理科学进展, 2017 (1): 2-5.

[2] 石雅婷. 京津冀人才一体化发展问题与对策研究 [J]. 前沿汇, 2017 (6): 21-23.

[3] 陈宝龙. 京津冀科技人才相关政策的比较研究 [J]. 当代经济, 2017 (9): 32-35.

[4] 刘彩霞. 京津冀科技协同创新问题 [J]. 区域经济, 2017 (9): 39-40.

[5] 李国平. 京津冀产业协同发展的战略定位及空间格局 [J]. 前线, 2017 (12): 92-95.

[6] 张阳. 我国高等教育的区域问题研究及其发展简述 [J]. 江苏高教 2002 (3): 29-31.

[7] 吴梦林, 茹宁. 区域经济发展视角下京津冀教育协同发展问题研究 [J]. 天津市教科院学报, 2017 (01): 14-17.

[8] 吴岩, 刘永武, 李政, 刘祖良, 王怀宇. 建构中国高等教育区域发展新理论 [J]. 中国高教研究, 2010 (02): 1-5.

[9] 潘懋元. 中国高等教育的转型发展 [J]. 玉林师范学院学报, 2017, 38 (01): 48-50.

[10] 李化树,叶冲. 我国高等教育区域合作与发展的基本框架——欧洲高等教育区建设的启示[J]. 教育发展研究,2015,35(21):7-12.

[11] 马莉,郭春荣,干秋燕,赵思晴,陈俊. 人才链与产业链的动态耦合分析——基于高等教育视角[J]. 对外经贸,2016(06):139-140.

[12] 曾蔚阳. 从"威斯康星思想"到"相互作用大学":我国新建地方本科院校战略发展启示[J]. 教育评论,2015(06):162-164.

[13] 吴岩,刘永武,李政,刘祖良,王怀宇. 建构中国高等教育区域发展新理论[J]. 中国高教研究,2010(02):1-5.

[14] 高耀,顾剑秀,方鹏. 中国十大城市群主要城市高等教育与区域经济协调综合评价研究——基于107个城市2000年和2010年的横截面数据[J]. 教育科学,2013,29(03):19-29.

[15] 赵哲. 高校与企业、科研院所协同创新的现状与对策——以辽宁高校为例[J]. 现代教育管理,2013(06):31-36.

[16] 张雪,静丽贤,孙晖,陈岩. 基于大学联盟视角的京津冀区域高等教育合作[J]. 河北联合大学学报(社会科学版),2015,15(03):88-91+95.

[17] 乔毅. 产业链视角下的产教融合研究[J]. 教育与职业,2017(08):24-29.

[18] 刘赞英,刘兴国. 加强京津冀区域高等教育合作促进高等教育内涵式发展[J]. 河北工业大学学报(社会科学版),2013,5(04):13-17.

[19] 高兵. 京津冀教育协同发展的现代化路径探索[J]. 教育理论与实践,2015,35(22):16-20.

[20] 王福建,孙继红. 京津冀一体化背景下区域高等教育协同

发展研究［J］. 当代教育科学，2017（08）：92-96.

［21］弓洪玮. 京津冀高等教育区域协同发展的对策研究［J］. 中国集体经济，2016（22）：30-31.

［22］李汉邦，韩晓燕，庄灵. 台湾高等工程教育专业认证的现状及启示［J］. 国家教育行政学院学报，2009（06）：58-61+53.

［23］尚晓丽. 京津冀高等教育协同发展背景下"校府合作"模式研究［J］. 华北电力大学学报（社会科学版），2017（02）：71-75.

［24］马陆亭. 促进高等教育区域发展的模式、机制、文化［J］. 中国高教研究，2012（08）：8-10.

［25］郑英蓓. 高等教育与区域互动发展的国际经验［J］. 教育发展研究，2006（07）：45-49.

［26］郑国萍，陈国华. 京津冀教育协同发展供需矛盾及应对策略［J］. 河北师范大学学报（教育科学版），2017，19（04）：95-100.

［27］许刚，王蕾，郑红梅，满亚杰. 应用型本科高校物流管理人才培养对策研究［J］. 河北工业大学学报（社会科学版），2011，3（03）：29-32.

［28］杨振军. 推动形成京津冀高等教育协同发展新格局［J］. 中国高等教育，2017（08）：52-54.

［29］高兵. 京津冀高等教育空间布局与区域发展：关系、特点与构想［J］. 河北经贸大学学报（综合版），2013，13（01）：106-111.

［30］薛二勇，刘爱玲. 京津冀教育协同发展政策的构建［J］. 教育研究，2016，37（11）：33-38.

［31］梁旭，吴星，张凝宁. 京津冀协同发展视域下的高等教育资源优化配置［J］. 教育与职业，2016（13）：27-31.

[32] 高兵,李政. 京津冀教育协同发展的基本原则与运行机制研究[J]. 北京教育(高教),2015(02):8-10.

[33] 侯雪梅. 论京津冀高等教育协同发展[J]. 法制博览,2016(20):319+318.

[34] 雷家彬. 协同创新视角下高校跨专业教育的模式与实践创新[J]. 高校教育管理,2014,8(05):83-86+110.

[35] (梁旭,张凝宁,郝晶晶. 京津冀高等教育资源优化配置现状及评价体系研究[J]. 石家庄经济学院学报,2016,39(03):133-136.)。

[36] 齐艳杰,薛彦华. 京津冀高等教育一体化进程对策研究[J]. 北京师范大学学报(社会科学版),2017(02):15-20.

[37] 胡赤弟. 论区域高等教育中学科—专业—产业链的构建[J]. 教育研究,2009,30(06):83-88.

[38] 王丽萍,彭福胜. 区域高校联盟价值分析与路径设计[J]. 江苏科技信息,2012(08):11-12+21.

[39] 刘志学. 中国近20年高校联盟研究特点分析[J]. 牡丹江师范学院学报(哲学社会科学版),2017(01):135-140.

[40] 董俊,刘慧. 京津冀协同发展背景下中外合作办学高层次人才共享路径研究[J]. 农村经济与科技,2016,27(20):163+178.

[41] 张亚,王世龙. 京津冀高校协同发展的战略模式和路径探索[J]. 国家教育行政学院学报,2015(12):3-7.

[42] 张丽颖,张学军. 构建地方中、高职院校对口合作机制的思考[J]. 北京工业职业技术学院学报,2015,14(03):41-43+47.

[43] 王健. 论中国智库发展的现状、问题及改革重点[J]. 新疆师范大学学报(哲学社会科学版),2015,36(04):29-34+2.

[44] 李剑玲，李洪英．基于博弈论的京津冀区域校企合作创新研究 [J]．北京联合大学学报（自然科学版），2015，29（02）：78－82．

[45] 唐国华，曾艳英，罗捷凌．基于资源依赖理论的高职教育校企合作研究 [J]．高等工程教育研究，2014（04）：174－179．

[46] 帕瑞克·克勒纳，韩万渠．智库概念界定和评价排名：亟待探求的命题 [J]．中国行政管理，2014（05）：25－28＋33．

[47] 陆根书，康卉，闫妮．中外合作办学：现状、问题与发展对策 [J]．高等工程教育研究，2013（04）：75－80．

[48] 郝一双，赵洁玮．高校联盟的中美比较 [J]．高教发展与评估，2012，28（05）：69－75．

[49] 高钟庭．协同创新引领开发区协同发展——2016京津冀开发区协同创新发展论坛观点综述 [J]．经济与管理，2016，30（05）：15－18．

[50] 陈章良．农业走出去的机遇 [J]．发展，2015（02）：33＋35．

[51] 李作聚，陈伊菲，苗红．京津冀协同发展下的高职物流管理人才培养模式构建 [J]．北京财贸职业学院学报，2016（5）：52－55．

[52] 张有山．京津冀高等职业教育协同发展研究 [J]．时代教育，2016（4）：9－10．

[53] 郭清梅，梁捍东．试论京津冀教育协同发展 [J]．中国教育学刊，2015（S1）：263－264．

[54] 杨振军．协同发展视角下的京津冀地区高职专业布局优化研究 [J]．中国职业技术教育，2016（11）：5－10．

[55] 谢霓泓．利益相关者研究的回顾与思考 [J]．会计之友，2009（4）：87－89．

[56] 胡赤弟. 高等教育中的利益相关者分析 [J]. 教育研究, 2005（3）：38-46.

[57] 胡赤弟, 田玉梅. 高等教育利益相关者理论研究的几个问题 [J]. 中国高教研究, 2010（6）：15-19.

[58] 潘海生, 张宇. 利益相关者与现代大学治理结构的构建 [J]. 教育评论, 2007（1）：15-17.

[59] 穆伟. 京津冀区域高等教育协同发展 [J]. 教育与职业, 2015, 1（28）：20-22.

[60] 高兵. 京津冀区域教育空间布局构想 [J]. 北京教育（高教）, 2014（6）：14-17.

[61] 李政, 雷虹, 高兵. 合理疏解首都教育功能, 促进京津冀教育协同发展的初步思考 [C] //北京教育科学研究院学术年会. 2014.

[62] 易金生, 张龙海. 做强京津冀区域高等教育的理论思考和实践探索 [J]. 天津职业大学学报, 2010（4）.

[63] 庄士英, 周俊琴, 崔艳明. 京津冀区域高等教育现状分析 [J]. 教育研究, 2009（11）.

[64] 帅全锋, 高菲. 高等教育与京津冀区域协同发展的对策分析 [J]. 石家庄职业技术学院学报, 2012（2）.

[65] 巴曙松, 城镇化大转型的金融视角 [M], 厦门大学出版社, 2013

[66] 龚勤林. 论产业链构建与城乡统筹发展 [J], 经济学家, 2004（3）：121-123

[67] 倪好. 美国高校与区域协同发展的路径探析—亚利桑那州南部的经验 [J], 比较教育研究, 2015（1）：72-77

[68] S. J. Herstad and B. Ebersberger, Urban agglomerations, knowledge-intensive services and innovation: establishing the core connections

[J]. Entrepreneurship & RegionalDevelopment, 2014 Vol. 26, Nos. 3 - 4, 211 - 233

[69] 张强. 全球五大都市圈的特点、做法及经验 [J]. 城市观察, 2009, 1 (1): 26 - 40.

[70] 胡赤弟. 论区域高等教育中学科—专业—产业链的构建 [J]. 教育研究, 2009 (6): 83 - 88.

[71] 朱英明. 长三角城市群产业一体化发展研究——城际战略产业链的视角 [J]. 产业经济研究, 2007, 2007 (6): 48 - 57.

[72] 任少波, 吴晨. 都市圈形成与大学的区域合作 [J]. 教育发展研究, 2004, 24 (z1): 52 - 54.

[73] 王鹏, 张秀生. 国外城市群的发展及其对我国的启示 [J]. 国外社会科学, 2016 (4): 115 - 122.

[74] 王志强, 卓泽林, 姜亚洲. 大学在美国国家创新系统中主体地位的制度演进—基于创新过程的分析 [J]. 教育研究, 2015 (8): 139 - 150.

[75] 张俐俐, 张文敏. 国外高校与地方经济发展互动模式的启示与借鉴 [J]. 高教探索, 2006 (6): 27 - 29.

[76] 许泉, 吴强, 刘欣. 美国产学研协同创新的主要模式及特点 [J]. 中国高等教育, 2014 (20): 61 - 63.

[77] 牛司凤, 郄海霞. 高校与区域协同创新的路径选择——以美国北卡罗来纳州"研究三角园"为例 [J]. 高教探索, 2014 (6): 5 - 10.

[78] 孙科. 美国北卡三角科学园产业集群的竞争优势分析及其借鉴 [J]. 西北大学学报（哲学社会科学版）, 2010 (1): 88 - 93.

[79] 段瑜, 马赤宇. 美国研究三角园区发展与规划研究 [J]. 国际城市规划, 2009 (04): 105 - 109.

[80] William Rohe, The Research Triangle: From Tobacco Roadto

Global Prominence [M] University of Pennsylvania Press, 2011: 204 - 205.

[81] 李张珍. 产学研协同创新中的研用对接机制探析 [J]. 高等工程教育研究, 2016 (01): 34 - 38.

[82] 赵虎, 王兴平, 李迎成. 规划更有内涵和活力的科研园区——新版美国《研究三角园区总体规划》的解读和启示 [J]. 规划师, 2014 (3): 116 - 121.

[83] 叶文华. 开放大学建设: 理念先导、路径选择与体制创新, 现代远程教育, 2011 (4): 7 - 9.

[84]《开放教育在浙江学习型社会建设中的探索与实践》教学成果项目组. 开放教育服务学习型社会建设的创新与展望—浙江广播电视大学的探索 [J]. 远程教育杂志, 2016 (2): 49 - 53.

[85] 教职成 [2016] 2 号教育部. 关于办好开放大学的意见 [Z]. 2016 - 01 - 16.

[86] 王金娜. 京津冀一体化背景下开放大学远程教育发展研究 [J]. 中国管理信息化, 2015 (11): 247 - 248.

[87] 国家开放大学〔2016〕6 号. 国家开放大学关于推进办学组织体系建设的意见 (国开发), 2016 - 06 - 26

[88] 力志刚. "服务学%J" 视域中的开放大学与利一会责任 [J]. 远程教育杂志, 2013 (5): 38 - 44.

[89] 郝克明. 建设中国特色开放大学构建国家终身学习体系 [N]. 光明日报, 2013 - 02 - 20 (16).

[90] 王永锋. 开放大学建设试点: 问题与政策 [J]. 现代远距离教育, 2015 (05): 3 - 11.

[91] Francis L. Collins and Kong Chong Hot. Globalising highereducation and citiesin Asiaand the Pacific [J]. Asia Pacific Viewpoint, 2014 (2): 127 - 131

[92] 潘懋元,高新发,胡赤弟,张慧洁. 大学城的功能与模式 [J]. 高等教育研究,2002 (02):36-41.

[93] 魏真,王琳. 高等教育变革大潮中的大学城——我国大学城资源整合与利用成效研究综述 [J]. 中国现代教育装备,2011 (13):120-122.

[94] 苗硕,盛喆. 大学城科技创新功能推动区域经济转型增长——以郑州高新区大学城为例 [J]. 河南师范大学学报(哲学社会科学版),2014,41 (06):107-110.

[95] 张金学,张宝歌. 建设地方区域高校联盟全面加强教育资源共享 [J]. 中国高等教育,2013 (08):54-55.

[96] 李强. 抓住共建机遇促进区域高教资源深度共享 [J]. 中国高等教育,2015 (23):13-14.

[97] 吴岩,王晓燕,王新凤,王俊,杨振军. 探索京津冀区域高等教育发展新模式——学习《国家中长期教育改革和发展规划纲要(2010—2020年)》的思考 [J]. 中国高教研究,2010 (08):1-7.

[98] 李明芳,薛景梅. 京津冀轴辐式区域物流网络的构建与对策 [J]. 中国流通经济,2015,29 (01):106-111.

[99] 王爽. 京津冀一体化背景下区域物流集群发展的竞合分析 [J]. 中国流通经济,2015,29 (01):112-117.

[100] 王旭东. 京津冀一体化期待更多生态共建项目 [N]. 中国绿色时报,2014-06-27 (001).

[101] 翁钢民,杜梅. 基于ESDA的京津冀区域物流空间布局演化研究 [J]. 企业经济,2014 (03):151-155.

[102] 高秀春. 基于产业对接的自主创新激励制度分析——以京津冀物流产业为例 [J]. 物流技术,2013,32 (01):98-100.

[103] 张莉,唐茂华. 京津冀都市圈发展新格局与合作机制创

新研究［J］.天津社会科学，2012（06）：88-91.

［104］踪程，何继新.京津冀区域物流一体化模式的建构策略探讨［J］.商业时代，2011（27）：41-42.

［105］孙前进.京津冀地区物流体系建设与发展研究（上）［J］.物流技术，2011，30（17）：55-57+81.

［106］孙琳.产教结合职业教育发展新途径探索［J］，高等教育出版社，2003年版.

［107］李剑玲，李洪英.基于博弈论的京津冀区域校企合作创新研究［J］.北京联合大学学报，2015，29（2）：78-82.